LA GUERRE

SOUS LES

TROPIQUES

E. NUËLITO

La Guerre

sous les

Tropiques

ABBEVILLE

C. PAILLART, IMPRIMEUR-ÉDITEUR

AVANT-PROPOS

Je n'ai pas la prétention, en écrivant les quelques pages qui suivent, de faire un ouvrage savant ou technique ; j'ai voulu conter le plus simplement possible ce que j'ai vu et entendu, me mettant à la portée des jeunes.

Sollicité par un grand nombre d'amis curieux de connaître les faits multiples qui se sont déroulés pendant la campagne du Dahomey, j'ai mis à profit mes heures de loisir pour rassembler en un petit volume les feuillets épars sur lesquels j'avais consigné mes impressions et les principaux faits de la guerre au Pays Noir en 1892.

EN ALGÉRIE — EN MER

EN ALGÉRIE

CHAPITRE PREMIER

De Djelfa à Médéah.

J'étais très occupé, pendant un concours de tir offert par la ville de Djelfa à ses habitants et à la population arabe du cercle, à marquer les résultats, quand je me sens frapper à deux reprises sur l'épaule.

Je me retourne surpris et vois mon brigadier-fourrier, qui, tout essoufflé, me demande, de la part de mon capitaine, si je désirais faire partie de l'expédition du Dahomey.

— Vous voulez parler du Soudan ? lui dis-je.

Quinze jours auparavant, j'avais fait ma demande pour être admis aux spahis soudanais.

— Non, non, le capitaine vient de recevoir une dépêche officielle demandant des candidats pour le Dahomey. Nous sommes tous volontaires. Désirez-vous être des nôtres ?

— Comment donc, moi qui demande à tous les échos à faire campagne ! Il faut me porter plutôt deux fois qu'une.

Ne pouvant contenir ma joie, je répétais, fou de bonheur : « *Emchi fi el Dahomey, emchi, emchi.* »

En rentrant au quartier le soir, la conversation roula sur les chances probables que nous avions d'être acceptés.

Je calmai vite l'enthousiasme de mes camarades en leur rappelant les nombreuses demandes que nous avions lancées, lesquelles n'avaient jamais donné de résultats.

Quarante-huit heures s'étaient écoulées, personne ne pensait plus au Dahomey. C'était de l'histoire ancienne, une affaire enterrée à jamais.

Nous déjeunions dans notre salle du mess, contant nos aventures de la veille, lorsqu'un employé du télégraphe me remit un petit papier bleu.

— Le sort en est jeté, dis-je à mes camarades, lesquels, pâles d'émotion et les yeux grands ouverts, attendaient que je leur donnasse lecture de la mystérieuse dépêche.

Je lus d'une voix légèrement troublée par l'émotion : « Préparez-vous à partir sous peu, êtes désigné pour le Dahomey, graissez vos bottes. »

Ce n'était qu'officieux, et, comme saint Thomas, je ne devais croire que lorsque j'aurais reçu un bulletin officiel. Il ne tarda pas.

Le capitaine entra bientôt dans notre modeste salle à manger, aux murs blanchis à la chaux, et me remit la dépêche du colonel.

Le pauvre homme était plus heureux que moi, je crois.

« Ah ! disait-il, que je voudrais être à votre place ; si je n'avais femme et enfants, comme je chercherais à aller dans ces beaux pays de l'ouest de l'Afrique ! » Et avec la volubilité de langage qui lui était naturelle, il me donnait des conseils sur l'hygiène à suivre aux pays chauds et la ligne de conduite à tenir.

J'étais très occupé pendant un concours de tir... (Page 11.)

« Faites bien attention à vous ; je serais un peu en cause s'il vous arrivait malheur. »

Insouciant, voyant tout en rose, ne songeant qu'au départ, j'écoutais d'une oreille distraite ces conseils paternels.

En Algérie, dans nos beaux régiments de cavalerie, surtout aux spahis, quitter sa garnison, faire une route de trente, quarante jours, coucher sur la dure, vivre de privations, c'est la véritable école du soldat, qui jamais n'effraie.

J'étais prêt depuis longtemps à endurer les fatigues que j'allais rencontrer dans ce pays sauvage du Dahomey.

J'avais la chance insigne d'emmener avec moi mon ordonnance français, Bia, qui me rendit plus tard, ainsi qu'à mes camarades, de réels services.

Mon bagage ne fut pas lourd, ni difficile à organiser, le nécessaire, le strict nécessaire.

On s'attache vite aux amis qui vivent de la même vie que soi, partagent les mêmes distractions et les mêmes fatigues. L'esprit de camaraderie, l'amour de son régiment, sont bien solides au pays du soleil.

Officiers, sous-officiers, appartiennent à la même famille, et vivent sur un grand pied d'intimité en dehors du service.

Les premiers transports de ma joie se calmèrent vite en songeant que j'allais quitter de bons chefs et d'excellents camarades, avec lesquels j'avais passé des moments si agréables pendant nos routes de l'intérieur et durant les grandes chasses que nous organisions avec tant d'entrain.

Le pays lui-même, le reverrais-je jamais ?

J'attendais le passage à Djelfa d'un brigadier venant de Laghouat.

Le 23 juillet, c'est-à-dire deux jours après la réception de la dépêche officielle, je quittais Djelfa avec le brigadier et mon ordonnance

Mes camarades tinrent à me prouver leur amitié jus-qu'au dernier moment. Pendant douze kilomètres, ce fut une chevauchée pleine de bons mots et de réparties joyeuses.

N'ayant pas de cheval à sa disposition et voulant suivre ses collègues de la cavalerie, le secrétaire du bureau arabe fit main basse sur un mulet qui broutait tranquillement à la porte d'un « fondouck » (1). Couper la corde de maître aliboron, la lui passer dans la bouche, en faire des rênes, fut l'affaire d'un instant pour cet ingénieux ami.

A un kilomètre de la ville, je me retournai pour voir les murs crénelés de mon vieux Djelfa où je venais de passer dix-huit mois. De la tour de la mosquée, je n'aperçus plus que le croissant doré qui se perdait dans la voûte bleue. La capitale des Oulad-Naïls n'existait plus pour moi.

Au premier café maure, tout le monde met pied à terre. Quelques Arabes loqueteux tiennent nos chevaux, et, dans une fraternelle accolade, nous nous souhaitons mutuellement bonne chance.

A six heures du soir, après avoir traversé trois fois à gué l'oued Melah, nous arrivons à Rocher-de-Sel.

Site ravissant. L'oued aux eaux limpides et au lit rocheux vient baigner le pied de l'immense bloc de sel.

Le soleil est à la fin de sa course et inonde de ses der-nières lueurs ce massif salin qui se revêt d'un manteau aux couleurs les plus bizarres, variant du gris bleuté aux violets les plus vifs.

(1) Espèce de grandes cours où les Arabes attachent leurs montures les jours de marché.

Au sortir du gué, la route tourne brusquement à gauche et s'engage dans un dédale de rochers, véritable chaos d'un effet sauvage et très pittoresque. A deux cents mètres plus loin, une ravissante petite ferme, devant laquelle s'ébat une grande quantité de volailles blanches, nous donne un instant l'illusion d'un coin de ferme perdu dans les montagnes des Vosges. Tout est propret et respire l'aisance et le bien-être.

En arrière, sur une petite éminence, se dresse un caravansérail transformé en bergerie par le bureau arabe de Djelfa, lequel y fait des essais sur l'élevage et l'exploitation des moutons mérinos.

Après une halte de sept heures, nous quittons ce coin enchanteur.

Grâce au clair de lune, nous nous mettons en route pour Guelt-es-Stel, où nous devons passer la journée du lendemain.

La route est pénible.

Nous traversons un banc de sable de douze kilomètres dans lequel nos chevaux enfoncent jusqu'aux jarrets.

A neuf heures du matin nous arrivons aux Terres-Blanches, ainsi nommées par suite du dépôt de sel que laisse l'oued Melah après ses débordements. Sur la route, un grand nombre de pénitenciers sont occupés à casser des cailloux, d'autres à charrier de la terre pour faire les remblais destinés au chemin de fer projeté (Alger-Laghouat).

Nous sommes au seuil du bassin du Zahrès-R'arbi et du Zahrès-Chergui. Quelques gouttes d'eau commencent à tomber. Le ciel est chargé d'épais nuages, le vent souffle avec rage et des tourbillons de sable nous aveuglent.

Encore quelques kilomètres, et nous entrons dans le

Après avoir traversé trois fois l'oued Melah, nous arrivons à Rocher-de-Sel. (Page 15.)

col du Djebel-Kreider, à la sortie duquel se trouve le caravansérail de Guelt-es-Stel.

A peine avons-nous mis pied à terre que l'orage éclate avec une violence telle que l'oued Chergui est transformé, en quelques minutes, en un torrent impétueux, roulant dans sa course furibonde d'énormes blocs de rocs.

Le caravansérail se trouve au centre d'un vaste cirque aux roches d'un rouge sombre, aux pins rabougris ; c'est l'image même de la misère et de la désolation ; quelques palmiers nains seuls animent le paysage.

Nous sortons de ce cirque à la tombée de la nuit, par le col étroit des Seba-Rous. La route est dure, le sol n'est que roc. Nous traversons l'oued Cedraïa au lit boueux, puis Belle-Vue, grand chantier d'exploitation d'alfa. A perte de vue, se dessinent les montagnes de Boghari qui disparaissent bientôt dans la nuit profonde. Pas le moindre rayon de lune. Nous marchons très lentement, suivant dans le sable les sillons indiqués par les roues des charrettes de rouliers. A minuit, force est de nous arrêter, il nous est absolument impossible de nous guider. Enroulés dans nos burnous et tenant à bout de rênes nos chevaux pour leur permettre de brouter les quelques tiges d'alfa qui recouvrent le sol, nous nous couchons pour attendre le lever du soleil.

De grands feux rouges à l'horizon nous annoncent le réveil des bergers et l'apparition prochaine du soleil.

A dix heures, le caravansérail de Aïn-Oustéra nous ouvre ses portes.

C'est l'époque du passage des gazelles. Le caïd, Si Mohamed ben Lagdar, me fait demander par un de ses khammes, si je désire tuer une de ces mignonnes bêtes ; il met un cheval et un fusil à ma disposition : « *Andi el aoud ou el moukala.* » Je m'empresse d'accepter l'invitation du caïd.

J'avais déjà chassé au faucon avec Lagdar quelques mois auparavant.

En attendant que l'on selle nos chevaux, nous allons prendre une tasse de café maure et fumer une cigarette. Entouré d'Arabes sales et déguenillés, faisant leurs salamalecks à Lagdar, lequel impassible et flegmatique laissait embrasser son beau burnous marron brodé d'or et de soies multicolores, j'écoutais un khoudja m'expliquant les difficultés de la chasse à la gazelle.

Deux superbes juments de pur sang arabe, magnifiquement harnachées, nous sont amenées.

Une trentaine de cavaliers galopent autour de nous et nous dirigent au milieu des touffes d'alfa, de dyss et de palmiers nains, vers l'endroit où des rabatteurs, envoyés la veille, doivent pousser le troupeau de gazelles. Quelques petits buissons dans un ravin suffisent à nous masquer ainsi que nos chevaux.

Peu d'instants après notre arrivée, un cavalier nous signale l'approche des gazelles poursuivies par les rabatteurs. Elles sont à deux cents mètres de nous, chef en tête. Soudain, celui-ci s'arrête, il nous a éventés, reste une seconde indécis, puis change brusquement de direction. Quelques rabatteurs, se méfiant de ce changement subit, s'étaient détachés du gros, renvoyant les gazelles sur nous.

Lagdar et moi étions à l'affût. Retenant notre haleine, le doigt sur la gâchette, attendant le moment favorable pour abattre une ou deux de ces élégantes du désert.

Lagdar tire et abat le chef de la bande.

Les autres gazelles passèrent rapides comme la flèche, toujours poursuivies par les cavaliers qui les tenaient de près.

Je croyais que nous n'avions fait qu'une victime. Quel ne fut pas mon étonnement quand, rentrant au caravan-sérail, je vis dans la cour une trentaine de gazelles en liberté. Lagdar sourit et m'en donna bientôt l'expli-cation.

Les gazelles chassées et non tuées, ayant perdu leur chef, avaient eu un instant d'indécision qui permit aux cavaliers de les entourer, leur barrant tout passage jusqu'à l'entrée du caravansérail. La seule planche de salut qui leur restait était la cour du caravansérail, où elles se précipitèrent affolées.

Nous quittons Aïn-Oussera à sept heures du soir et à neuf heures nous passons à Aïn-Créchem.

C'est là que, chaque année, le brave Espagnol, proprié-taire du petit café perdu au milieu de cette région de hauts plateaux, montre aux généraux un puits qu'il a creusé lui-même et dans lequel il prétend avoir trouvé une eau excellente et abondante.

Ce fin et rusé bonhomme, désirant voir Aïn-Créchem désigné comme étape, fait jusqu'à 90 kilomètres à l'époque des inspections pour aller chercher de l'eau et alimenter son puits.

Nous profitons de cet abri pour attendre le lever de la lune. Ce n'est qu'à une heure du matin que nous pouvons reprendre notre route pour arriver à Bougzoul à sept heures.

Je désire voir une dernière fois le père Joane, vieux brave qui date de la conquête de l'Algérie, qui connaît plus d'une histoire, et qui a plus d'un tour dans son sac. Sa femme, excellente matrone, nous prépare un succulent déjeuner, et dans une dernière rasade nous buvons à sa nombreuse et belle famille.

Encore un coup de collier à donner et bientôt nous entrerons à Boghari et dans la vallée du Chéliff.

Nous venons de traverser la région des hauts plateaux, au sol pauvre et rocailleux, à la végétation maigre et rabougrie, aux horizons gris.

Seul, au milieu de cette immensité, on se sent bien petit, bien peu de chose ; il faut admettre forcément qu'une main puissante, la main d'un grand Maître, a créé toutes ces splendeurs.

C'est une preuve évidente et palpable de l'existence de Dieu.

Boghari est la porte Nord de cette région, comme Djelfa en est la porte Sud ; 160 kilomètres séparent ces deux villes.

Je campe sur les bords du Chéliff, maigre torrent que le sirocco tarit et qu'un orage métamorphose en mer tumultueuse. A le voir ainsi, rampant sournoisement entre ses deux rives arides, on ne se douterait guère que cinquante lieues plus loin, tranquille et fier comme le Rhin de Boileau, il vivifie nos vastes plaines.

Nos chevaux dessellés broutent paisiblement les rares brins d'herbe que le soleil a respectés.

Le ciel d'un bleu turquoise attend pour se réjouir que le soleil soit au haut de sa course.

Boghar, la ville militaire, citadelle fière, surveille impassible la route des hauts plateaux et du Sud.

Par les sentiers en lacets qui grimpent vers la ville,

nous voyons descendre les caravanes de chameaux qui vont porter dans le désert, là-bas, bien loin, vers la mer de sable, les vivres et les subsistances nécessaires à tous les braves qui travaillent pour la mère-patrie et font respecter les couleurs de notre pavillon.

Vis-à-vis Boghar, le Ksar (1), entouré de ses murailles aux pierres branlantes, menace le ciel et se fond en tons dégradés grisailles dans l'infini céleste.

Le lendemain matin, lorsque je donne le signal du réveil, il semble qu'il ne fait pas jour encore. Boghar et le Ksar projettent leur ombre sur la vallée.

Les muscles détendus par une nuit de repos sous nos petites tentes, nous regrimpons sur nos chevaux, et, le cœur tout ému, nous quittons nos hauts plateaux, que, hélas! nous ne reverrons peut-être jamais.

Nous passons à Oued-el-Hakoum, à Aïn-Moudgerar, et à midi le mont Greneau nous barre la route de Médéah.

Afin de laisser un peu de repos à nos chevaux, nous montons péniblement cette montagne, où de l'autre côté nous devons apercevoir le Tell.

A une heure et demie, arrivés au sommet de la montagne, nous apercevons une bande horizontale qui commence à apparaître, lointaine encore, mais d'une teinte particulière, se perdant dans les fonds bleus rosés et formant nuage : c'est la Métitdja.

Descendant le versant nord du mont Greneau, l'espace vide que nous avons devant nous s'élargit toujours. Berrouaghia et sa colonie pénitencière entourée de ses

____

(1) Ksar, ville absolument arabe, où se fait le commerce des grains.

vignes se dessinent en tache d'encre sur le fond terre de sienne de la plaine.

Par la coupure du col de Ben-Chicao, à 1,300 mètres d'altitude, on voit très distinctement Assen-ben-Ali, Damiette, Médéah et plus loin un mince filet bleu lapis : c'est la Méditerranée.

CHAPITRE II

De Médéah à Oran.

Les portes de Médéah sont franchies.

Le quartier de spahis, où deux ans auparavant j'arrivais, ne connaissant rien de l'Algérie, ne rêvant que campagnes, guerre, actions d'éclat, désert, Arabes, vie nomade et bohême, où après avoir troqué mon brillant uniforme de sous-officier de housard, j'endossais la veste rouge à chamarrures et le large pantalon bleu du spahi, ce quartier est devant moi.

Médéah ! où je fis mes premières armes dans la belle armée d'Algérie, au milieu des éléments indigènes.

Médéah ! où j'appris les premières notions de la langue arabe, qui devait tant me servir dans l'extrême Sud.

Médéah me revoyait pour quelques jours. Là, avec mes amis de la première heure, j'allais passer deux jours fêté, choyé, heureux.

Médéah, comme toutes les villes de l'Algérie, est une petite cité cosmopolite où sont venus échouer beaucoup de ceux qui, en leur pays natal, avaient rêvé aisance et tranquillité.

Il n'est point rare, sur une superficie de quelques mètres carrés, de côtoyer : Espagnols, Maures, Italiens, Catalans,

Piémontais, Français du Midi, Gascons, Marseillais, Arabes, Kabyles, Nègres, et une race infecte : les Juifs.

Les Arabes et les Juifs sont les plus nombreux. Ces derniers sont des parasites morbifères qui ont apporté la décomposition dans notre milieu social. Adorateurs du veau d'or, ils nous tiennent par l'or. Ils nous ont par contagion conquis à leur culte.

En France l'envahissement par le judaïsme a été méthodique, progressif, presque timide ; c'est un enlisement.

En Algérie, ce fut un engloutissement.

En France, le Juif est un homme du monde, âpre, mais déguisé ; rapace, mais poli dans ses exécutions. En Algérie, c'est le forban féroce, brutal, insolent, bravache.

Plus nous irons, plus ils lèveront la tête.

Le judaïsme se résume en ce mot : « Egoïsme. »

La France est bien belle et vivante, ses villes sont remuantes, leur animation enivre et étourdit ; le plus modeste y a sa pointe d'orgueil, le plus petit cherche à grandir.

En Algérie, ce lambeau déchiqueté de l'Afrique septentrionale, la vie est calme. La civilisation à l'heure actuelle sort seulement du néant et grandit doucement, lentement aux rayons bienfaisants d'un soleil régénérateur.

Il y a vingt mois, dans mes promenades contemplatives de dix heures à midi, heures qui nous étaient octroyées par nos chefs pour déjeuner et digérer, j'errais avec un de mes camarades aux alentours de Médéah Je visitais successivement Lodi-Damiette, l'Uniador, Assen ben-Ali, Ben-Chicao, Tibarine.

Le soir, à l'heure où Phébus descendait de son char, sortant de mon bureau où avec patience je vérifiais la comptabilité et compulsais en vrai bénédictin les archives du régiment, j'errais entre cinq et sept dans les rues, allant du marché arabe au marché français, de la ville juive à la ville française, du café maure au café européen.

Dans ces allées et venues, je côtoyais ces beaux militaires de l'armée d'Afrique, comme il n'en existe plus en France depuis bientôt vingt-six ans. Je rencontrais des hommes blanchis sous le harnais, portant sur le bras gauche leurs états de service et sur la poitrine les récompenses données aux braves.

Ces costumes de la terre algérienne paraissent en France plus féminins que guerriers. C'est une grave erreur. En voyant ces têtes blanches, ces longues barbes poivre et sel couronnant un corps taillé dans le roc et charpenté à coups de hache, je comprenais que cette réputation de molle nonchalance était fausse.

Aucune armée, aucune légion ne sera jamais aussi aguerrie et aussi belle que nos troupes d'Afrique, pépinières de héros.

Le soleil est dans toute sa splendeur, son palais d'un bleu ravissant n'est taché que par quelques légers nuages ; il ressemble à un fils de roi entouré et adulé de toute la cour.

Mes camarades me proposent une promenade en voiture. Un caricolo attelé de deux malheureux chevaux étiques nous emmène tant bien que mal à Damiette.

Tout ce pays depuis vingt mois a été bouleversé, la main de l'homme a changé ce coin sauvage.

Le chemin de fer longe la route et ces remblais correctement tracés, ce balaste rangé avec art, jettent une note toute autre dans ce pays si pittoresque il y a quelques mois.

J'en arrive à maudire la civilisation, le progrès, la science, l'industrie, les arts qui gâtent la poésie des lieux.

En rentrant de Damiette, nos chevaux s'emballent, la voiture vient se briser contre la porte de Laghouat, à l'entrée Sud de Médéah. Un de mes camarades se casse la jambe, l'autre le bras. Par une chance providentielle, je sors indemne de dessous les roues.

Mon cheval, mal remis de l'entraînement des courses de Djelfa et légèrement garrotté, est troqué pour un autre plus solidement bâti.

Nos derniers préparatifs faits, nos provisions pour le lendemain achetées, nous allons enfin coucher dans un lit.

Quatre heures et demie du matin. Je me sens secoué par un Bédouin qui vient me tirer des douceurs du sommeil que je prenais à grande hâte. Il y avait à peine trois heures que ma visite à Morphée était commencée, les adieux à mes camarades s'étant prolongés assez tard dans la nuit.

Ma toilette est rapidement faite et quelques instants plus tard, j'étais sur la route d'Alger avec mon petit contingent : deux brigadiers et un trompette.

Nous descendons à la Chiffa par une route qui va de plus en plus se rétrécissant et se termine par un défilé rocheux très étroit, une vraie brèche orientée Sud-Nord.

Nos harnachements ont été revus avec soin, rien ne manque, nos armes sont en parfait état.

D'après les ordres du commandement, nous emportons : sabre, carabine et revolver. Les munitions seront distribuées à l'arrivée au Dahomey.

Nous suivons le cours de l'oued Chiffa, qui, à vingt
mètres de profondeur et toujours zigzaguant, galope entre
deux murailles sans cesse tourmentées, raides, luisantes

Les yeux fixés sur une grande flambée, je pensais aux miens.
(Page 30.)

et grises en quelques points ; en d'autres, mordorées,
éclatées, fouillées, formant une cathédrale gothique, avec
des clochetons, des tours, des flèches, des jubés où courent
les vertes guirlandes des lierres gigantesques.

Les orgues de cette majestueuse basilique sont tenues par le vent qui vient se briser avec rage contre les arêtes vives de ces blocs de roc.

Une pluie torrentielle tombe, il semble que le ciel s'est ligué pour nous engloutir dans ce chaos. Par moment nos pauvres petits chevaux s'arrêtent court, refusant d'avancer.

De longues heures s'écoulent. Enfin, au tournant d'un coude que fait la route, le soleil nous attend ; mais fatigué de poser pour saluer notre arrivée dans la plaine de la Métitdja, bien vite il se cache et la pluie reprend avec une nouvelle intensité.

Onze heures. La Chiffa est en vue. Avec beaucoup de mal, nous finissons par trouver un hangar où je fais mettre les chevaux.

Dans un petit réduit, je fais allumer un grand feu devant lequel se prélassent bientôt ma large culotte, mon linge le plus intime et moi-même.

Les yeux fixés sur cette grande flambée, je pensais aux miens, que j'avais quittés depuis deux ans, et lesquels — je l'espérais — me reverraient après la campagne, me demandant par le détail tout ce que j'avais vu, entendu et fait.

Je chevauchais, sabrant à droite, sabrant à gauche et revenais couvert de gloire ; je galopais au milieu des ennemis, je ralliais mes hommes et vingt fois je repartais avec autant d'élan. Hélas ! ce rêve s'évanouit vite, les heures s'étaient succédées rapides et le crépuscule me surprit la tête plongée dans le vague et la mélancolie.

A huit heures, nos chevaux sont dans le train d'Alger-Oran.

Un officier de chasseurs d'Afrique, M. Legrand, descend

et nous annonce que nous allons retrouver deux collègues
partant aussi pour le Dahomey.

A Orléansville, un troisième s'ajoute à la liste.

A dix heures du soir, nous arrivons à Oran.

Prévenus de notre arrivée, quelques camarades du
2° chasseurs nous attendent à la gare et nous conduisent
au quartier de cavalerie.

Debout de grand matin, je cours dans tous les coins
du quartier, pour réunir les sous-officiers, brigadiers et
trompettes qui doivent être présentés au capitaine de
Fitz-James et sous les ordres duquel nous allons servir
maintenant.

Mon ancienneté me valait cette insigne faveur. Grâce
à la bonne volonté de chacun, à l'entrain que tous mirent
à vouloir paraître correctement devant leur nouveau chef,
ma mission fut des plus agréables et des plus simples.

Pour vous permettre de suivre avec intérêt les divers
incidents de notre voyage et de notre campagne à travers
lesquels je vous dirige, chers lecteurs, en quelques lignes,
quelquefois en quelques mots, je vous donnerai à peu près
au jour le jour le détail de notre travail, de nos impressions, de nos joies et de nos espérances.

EN MER

CHAPITRE III

D'Oran à Dakar.

1er Août.

Après l'inspection de notre nouveau chef, le capitaine de Fitz-James, nous procédons au déferrage de nos chevaux avant de les embarquer, puis nous nous rendons au quai d'embarquement où un bâtiment des Chargeurs Réunis du Hâvre, arrivé la veille, nous attend pour nous transporter au Sénégal et de là au Bénin. Alignés en rang d'oignons sur le quai, nous attendons patiemment les opérations d'embarquement.

Les treuils à vapeur avec des grincements de poulies mal graissées, ressemblant à des vagissements d'enfants, s'inclinent lentement vers tribord.

Un box sert de cage à chaque cheval, qui est aussitôt ligoté au moyen de sangles en fils d'acier qui lui passent sous le ventre et enlevé par-dessus bord. Ces pauvres animaux se débattent et, semblables à Pégase, après une course peu agréable dans les airs, viennent prendre suc-

3

cessivement place dans l'entrepont où des écuries installées
à l'avant et à l'arrière sont prêtes à les recevoir.

Le centre de l'entrepont est réservé aux hommes. Des
casiers superposés et garnis de paillasses en varech vont
devenir, pendant nos vingt journées de traversée, le centre
de nos occupations et notre *buen retiro*. La chaleur sénéga-
lienne, les émanations alcalines des écuries vont nous
mettre une quantité d'hommes et de chevaux hors
service avant d'arriver.

2 Août.

Température lourde, nous attendons le *Mytho* (1) qui
est parti de Toulon et sur lequel se trouve le commandant
Villiers, commandant la cavalerie du Bénin.

Deux fois par jour, je vais à la poste et au télégraphe
chercher les courriers et porter les adieux des amis à
leurs collègues et à leurs chefs. Entre temps, je cours de
l'hôpital à la sous-intendance, de la sous-intendance au
campement, pour obtenir des caisses de médicaments et le
matériel de campagne nécessaires aux officiers et à la
troupe. Le harnachement des chevaux est complété par
l'achat de bridons, de cordes, de licols, etc...

4 Août.

Le *Mytho* est dans les eaux d'Oran ; majestueusement
il se balance à une certaine distance des quais, et sa note

---

(1) Transport de l'Etat devant conduire les troupes au Dahomey, et
rester ensuite dans les eaux du Benin, en rade de Kotonou, pour
servir de bateau-hôpital.

blanche tranche au milieu des bâtiments de commerce qui
abondent dans le port.

Le fort de Santa-Cruz construit au sommet de l'Aïdour
et dominant le port, ressemble, vu du pont du *San-Nicolas*,
à quelque château du moyen-âge.

La légende d'Oran est assez curieuse pour que je la
rapporte ici :

« Hercule et ses compagnons fuyant la Grèce et par-
courant le littoral méditerranéen de l'Afrique, s'étaient
une première fois attardés en un long séjour sur l'cmpla-
cement où s'élève actuellement Alger. La douceur incom-
parable du climat, la beauté d'un golfe sans pareil capti-
vèrent vingt des suivants du fils de Jupiter. Ils arrêtèrent
là leur voyage, jetèrent les premières assises d'une ville
qui, du nombre de ses créateurs, devint Icosium.

« Hercule, cependant, poursuivait sa route. Il avait
traversé les plaines que balayait un vent brûlant venu
des profondeurs du désert, gravi les montagnes enve-
loppées de nuées que les aquilons eux-mêmes étaient
impuissants à dissiper. Un soir, fatigué, il revenait sur le
rivage. Devant lui une crique s'ouvrait où les vagues
venaient expirer, frangeant d'écume le sable.

« — Nous serons bien ici, dit-il à ses compagnons.
Reposons-nous.

« Eux cependant ne pouvaient se lasser d'admirer le
spectacle qui s'ouvrait à leurs regards. Sur leur droite, la
côte à pic élevait au bas de la mer sa haute muraille de
rocher gris que les lueurs du soleil couchant teintaient de
rose ; devant eux les eaux calmes sommeillaient, bercées
par leur propre clapotis.

« — Ne dirait-on pas, s'écrièrent-ils, voir sur cette

terre lointaine, l'image même de notre patrie ? N'est-ce point ici la frange de la ceinture de flots bleus qui l'enserre ? N'est-ce point l'Hymette — cher aux abeilles — qui se dresse près de nous ? Et ce ciel n'est-il pas un lambeau du ciel bleu sous lequel nos yeux se sont ouverts à la lumière ?

« Et couchés sur la grève, ils contemplaient, encore transparente sous le crépuscule, se veloutant de plus en plus à la tombée de la nuit, la voûte que trouaient d'or les premières étoiles.

« Ils s'endormirent prononçant encore le mot d'Ouahran, d'où vient Oran (1). »

Dans cette ville que le modernisme gagne à la France, peu de choses rappellent la domination arabe. Un minaret perdu au milieu des constructions européennes, tout ce qui reste de la mosquée El-Haoui, sert maintenant de magasins pour le campement. La grande mosquée a été seule conservée au culte musulman. Placée entre deux rues en pente qui relient l'ancienne cité aux quartiers nouveaux, elle présente d'une part sa porte surmontée d'une légère coupole, de l'autre son minaret dont les gracieuses proportions ne se dessinent que dans le lointain.

De construction récente d'ailleurs, elle fût bâtie en 1792 par le dey d'Alger, après que les Espagnols eurent fait place aux Turcs. Elle servit en quelque sorte à consacrer — non pas pour de longues années — la reprise du sol par ses anciens maîtres, et ce fut avec l'argent provenant

(1) *L'Algérie pittoresque,* par COURTELLEMONT.

du rachat des chrétiens maintenus en esclavage qu'elle fut édifiée.

Ce furent les Espagnols, sous la conduite du cardinal Ximenès de Cisneros, qui réussirent, comme ils l'avaient fait déjà sur d'autres points de la côte barbaresque, à y établir une durable domination.

Port d'Oran.

Le demi-siècle qu'a duré leur occupation, a laissé des traces profondes, ineffaçables. Les vieilles murailles portent gravées encore sur la pierre les armes de Castille. Les forteresses démantelées ou restaurées conservent leurs antiques appellations, placées les unes sous le vocable des saints en honneur dans la catholique péninsule, d'autres rappelant le souvenir de la conquête ou des épisodes dont la tradition est aujourd'hui perdue.

Le fort de Santa-Cruz, détruit à plusieurs reprises,

relevé de ses ruines, réédifié en quelque sorte par le
service du génie, profile dans le ciel clair ses arêtes sail-
lantes. Parfois, aux jours orageux, ou par les matinées
humides, fréquentes sur le littoral méditerranéen, les
brouillards l'enveloppent ; et, de la blanche couronne de
brume que le vent fait tournoyer ou effilocher, ses créneaux
émergent. On dirait alors qu'une artillerie silencieuse fait
feu de toutes ses bouches, luttant désespérément contre un
ennemi invisible. Un coup de vent plus fort, ou un soleil
plus chaud chassent, dissipent les nuées, et le Santa-Cruz
redevient le réduit paisible, veuf de soldats, veuf de
canons.

Malgré son aspect formidable d'arche de Noé cuirassée,
échouée sur quelque Ararat, la proue à éperon, scellée
dans le roc, le fort de Santa-Cruz ne fut jamais bien
redoutable. Dominé par le Meséta, ce fut toujours sous des
feux plongeants qu'il fut accablé, et rarement attaqué sans
être pris.

Le fort Saint-Grégoire se trouvait au-dessous, placé
des conditions aussi désavantageuses. Le pic, la poudre
et la dynamite en ont eu raison. Sur son emplacement
s'élève maintenant une batterie armée de pièces puissantes.
Les conditions stratégiques ne sont plus celles de jadis.
La position, défavorable il y a un siècle, est devenue, grâce
aux progrès de l'artillerie, des plus importantes (1).

5 Août.

L'enthousiasme est à son comble à Oran : un bataillon
de légion étrangère, venu de Sidi-Bel-Abbès, est arrivé ce

______

(1) *L'Algérie pittoresque*, par Courtellemont.

matin. La ville est pavoisée, les rues regorgent de troupe, on ne rencontre dans les magasins que militaires faisant leurs dernières emplettes, complétant leur maigre trousseau. Les pharmacies sont prises d'assaut, car chacun tient à se munir de préservatifs contre la fièvre, la dysenterie, les piqûres et morsures d'animaux et d'insectes.

Une messe solennelle est dite en l'église paroissiale d'Oran pour appeler les bénédictions de Dieu sur tous ces braves soldats et sur les chefs qui les commandent.

Une foule considérable se presse sur les marches de la cathédrale et, malgré un service d'ordre sévère, la bousculade règne en maîtresse.

Les têtes se découvrent, le silence se fait, l'aumônier Vathelet, portant sur la poitrine la croix d'officier de la Légion d'honneur, la médaille du Tonkin, la médaille de Madagascar, arrive, suivi des officiers du corps expéditionnaire et de tous les militaires présents des corps de la garnison.

La messe terminée, l'abbé Vathelet prononce une chaude allocution pleine de feu et de patriotisme. Les cœurs battent la générale sous les uniformes ; instinctivement on porte la main à son sabre pour saluer d'un hourrah solennel le brave aumônier Vathelet.

La population oranaise, qui s'était portée en masse sur la place de l'Église, se précipite sur la troupe encore tout émue. Chacun veut avoir un soldat du corps expéditionnaire, c'est à qui lui serrera la main, l'emmènera dans sa maison, lui offrira l'hospitalité et le couvert.

Pour mon propre compte, je suis entouré de trois forts gaillards, qui s'emparent de moi et de force me mènent partager leur bol de bouillon.

Une vieille mère, aux cheveux d'argent, la marmotte sur la tête, est assise dans un coin de la modeste chambre où je viens d'être introduit ; elle essaye de se lever pour venir serrer la main du « soldat ». Hélas ! ses pauvres jambes lui refusent tout service.

« Je suis heureuse, me dit-elle, lorsque mes enfants m'amènent à la maison un « soldat » qui, partant pour les pays lointains, va se battre pour son pays et son drapeau. Combien en ai-je vu partir ? Combien peu sont revenus ! »

Les larmes aux yeux, elle me serre sur son cœur, me baisant au front :

« Que ce baiser de pauvre femme vous porte bonheur et vous garde des balles ennemies et des maladies terribles. »

Pauvre vieille mère, son baiser fut pour moi comme une sainte onction.

6 Août.

Une fanfare guerrière fait tressaillir les flancs du *San-Nicolas*, nos chevaux se cabrent dans leurs boxes, les marins grimpent sur les hunes, la voilure grince ; des entrailles du navire, un à un nous sortons. Bientôt le pont est encombré. Seul, le commandant du bord, impassible sur la passerelle, donne les derniers ordres pour l'appareillage.

Dans une heure, nous quitterons Oran.

La légion étrangère, fière et mâle cohorte, descend la ville haute accompagnée de la population oranaise et vient se ranger sur le port devant le *Mytho*.

Elle essaie de se lever pour venir serrer la main du « soldat. »
(Page 40.)

Le général Metzinger fait former le cercle et adresse quelques paroles d'adieu aux officiers et aux hommes.

Le commandant Faurax lui répond :

« Nous ferons tous nos efforts, mon général, pour mériter la confiance que le Gouvernement a eue en nous, en faisant à un bataillon de l'armée française l'honneur de défendre son drapeau national sur la terre étrangère. Nous nous efforcerons surtout d'être à la hauteur de nos devanciers de la légion. Officiers, sous-officiers et soldats, nous ferons tous notre devoir. »

A dix heures, le navire se balance sur sa quille, les cœurs se serrent, les derniers hourrahs nous arrivent confus.

Des terrasses chargées de fleurs, nous n'apercevons plus que quelques points blancs ; c'est la foule oranaise, mahonaise, andalouse, arabe, marocaine qui continue son ovation aux troupes s'embarquant sur le *Mytho*.

8 Août.

De grand matin, nous étions devant Gibraltar, dont les rochers se distinguent à peine au milieu du brouillard épais. A dix heures, le soleil se montre, et Ceuta la blanche, tranchant sur son sol roux, apparaît riante et plaisante.

Tanger, le cap Spartel passent vite sous nos yeux.

La côte infléchit légèrement vers le Sud, et nous entrons dans les eaux de l'Atlantique.

Les côtes d'Espagne, petit à petit, s'éloignent, laissant à peine, devincr leurs sierras d'Andalousie frangées de neige.

10 Août.

Nous profitions du calme de l'Atlantique pour ranger et soigner nos chevaux. Tout se passait à bord avec la plus parfaite correction.

Le premier ordre qui nous avait été lu, nous recommandait obéissance complète au capitaine et aux officiers du bord, « les seuls maîtres après Dieu. »

La plupart d'entre nous faisaient leur premier voyage en mer, et n'étaient pas guillerets, mais la jeunesse l'emportant, la gaîté n'était point absolument bannie à bord.

L'ami d'Urbal, grand conteur, chaque soir avait ses auditeurs sur le gaillard d'avant.

Nous avions fait de ce lieu tout à la fois notre quartier-général, notre salle à manger, notre salon-fumoir et notre dortoir.

Lorsque le ciel avait revêtu sa robe bleu-cobalt, constellée d'étoiles, nous nous étendions, enroulés dans nos burnous, sur des rouleaux de cordages transformés en lits, et, le cœur calme, nous reposions du sommeil du juste.

10 Août.

Cette nuit je fus réveillé par un paquet de mer qui me fit
prendre une douche intempestive et forcée. Un quart
de seconde, et j'étais debout, il m'avait semblé que le bâtiment coulait à pic.

J'avais le visage balafré et un filet de sang glissait sous
la paupière gauche. Je n'aurais probablement jamais
connu la cause de ce petit accroc, sans un incident qui,
dans la suite, se renouvela plusieurs fois.

Dans les eaux des Canaries et des Fortunées, les poissons volants abondent. Sortant de l'onde salée, comme
une flèche, ils décrivent une trajectoire rapide et après un
bond de trente à quarante mètres, ils replongent dans
les profondeurs de l'Océan.

Mal leur en prend, quand un navire passe, de s'abandonner à leur course aérienne, car ils tombent sur le pont
et vont faire un tour dans les casseroles du chef cuisinier.

Rapidement sorti de mon lit de cordages, je tombais de
côté, écrasant dans ma chute le nez par trop proéminent
de mon ami Ceisson ; celui-ci, se rendant compte de la
situation, se mit à rire de bon cœur en tenant dans sa
main le poisson, cause de ma légère blessure et de ma
culbute.

12 Août.

Le navire glisse lentement sur une mer d'huile et la
nuit sur une mer phosphorescente.

CHAPITRE IV

Dakar.

« Terre ! terre ! » crie la vigie.

Il était à peine cinq heures du matin. Dakar, le Sénégal.

J'allais enfin voir cette partie de mon régiment, détachée aux colonies. A Dakar, j'avais beaucoup d'amis, qui, plus heureux que moi, étaient là depuis deux ou trois ans.

Cent huit heures nous séparent d'Oran. La transition cependant nous paraît brusque, de l'arome des fleurs à l'odeur du nègre.

Le *San-Nicolas* évolue lentement à la recherche de sa bouée.

« Une multitude de petites embarcations accostent le navire. Le pont est envahi par des visiteurs impatients de dévisager ceux qui arrivent de France, de respirer cet air de la patrie dont il semblerait que le navire emporte avec lui quelques bouffées.

A quoi bon le nier ? L'impression première est plutôt décevante. L'exotisme noir ne se révèle point ici à son avantage. Crasse et guenilles, la saleté banale, avec ses cases façonnées de matériaux hétérogènes, débris de caisses, rognures de zinc, boîtes de conserves ; sa marmaille prenant ses ébats parmi les immondices, tel est le village nègre des villes algériennes. Un affreux bonhomme, affublé d'un lambeau de défroque européenne, moitié de culotte et gibus sans bords, en est le chef et perçoit gravement des curieux la menue monnaie qui constitue le plus clair de sa liste civile.

Survienne un paquebot du Brésil ou de la Plata, les passagers, à peine à terre, ne manqueraient pas pour un empire d'aller contempler ce fantoche, le roi de Dakar, disent de bonnes âmes.

Invisible, d'ailleurs, de la mer, le Dakar noir est tenu à distance comme une lèpre. Un pli de terrain en masque les horreurs aux habitants de la Ville blanche.

« Ville » est beaucoup dire. Le terme vague d'établissement serait plus exact. Des rues, sans doute, suffisamment ombragées, des places d'un périmètre imposant, quoique assez mal nivelées, voilà tout. Il ne manque que des passants. La circulation est insignifiante. De véhicules, pas trace ; si ce n'est, de loin en loin, un fourgon du train ou, montant de la jetée, une charrette remorquée par une mule, aidée du conducteur qui pousse à la roue.

Des officiers, vêtus de blanc, faisant les cent pas ; un fourrier qui trotte, son registre sous le bras ; une escouade allant à la corvée : voilà pour l'animation.

Parfois, une silhouette soudanienne, plus décorative, un traitant de factorerie, drapé dans son boubou, la gandoura arabe, en cotonnade bleue, le collier d'ambre ou de corail pendant sur la poitrine. A ce détail près, l'aspect général serait plutôt celui d'un poste militaire que d'une ville commerçante.

J'ai entendu des gens s'écrier : « Dakar s'est bien développé depuis dix ans ! » Qu'était-ce donc avant ce temps-là ? Enlevez les casernes et quartiers, l'agence des Messageries maritimes, les hangars du chemin de fer de Saint-Louis, que reste-t-il ? Deux ou trois magasins,

Rade de Dakar.

bazars complexes où l'on vend de tout, objets d'utilité première et articles de traite, des conserves et des paires de bottes, des parasols et des accordéons.

La nature a plus fait que l'homme. La rade est admirable, au point de vue nautique, s'entend. Car je ne sais guère d'horizons plus ternes, de monotonie comparable à celle de ses grèves. Mais dans ce bassin, le seul qu'offre au navigateur l'inhospitalière côte d'Afrique, des flottes trouveraient place. Mieux encore que Ténériffe ou que

Las Palmas, il semblait fait pour abriter un dépôt de combustible à l'usage des vapeurs voguant vers l'Atlantique Sud.

Peut-être quelque jour, cette rade deviendra-t-elle l'escale favorite entre l'Europe et le Cap. Alors qui sait? Saint-Louis, séparé de l'Océan par la barre du Sénégal, souvent difficile, perdra toute son importance, et Dakar sera promu au rang de capitale. C'est, toutes proportions gardées, la lutte qui se poursuit ailleurs entre l'antique port fluvial et la jeune ville maritime, entre Rouen et le Hâvre, Nantes et Saint-Nazaire (1).

A midi, force nous est de quitter le navire pour permettre au détachement de compléter son équipement.

Le capitaine de Fitz-James nous passe en revue sur le pont du bateau. Ce brave officier, ce colonial fanatique, tient à montrer aux noirs que les spahis d'Algérie sont aussi disciplinés que ceux du Sénégal. Très cocardier, il a accroché sur sa poitrine toutes ses décorations si brillamment gagnées au Tonkin.

Astiqués comme pour la parade, nous défilons devant lui, la tête haute et le jarret tendu. Trompettes en tête, nous traversons les rues de Dakar, suivis par les petits négrillons qui s'amusent beaucoup et poussent en trille des cris perçants.

Le quartier de cavalerie est loin, la chaleur est accablante, le ciel d'un bleu sombre se charge à l'horizon. A l'est une tache noire tranche sur l'azur calme et le bleu lapis de l'Océan. Le vent se lève, les tourbillons s'engouffrent avec violence dans les rues. Les indigènes

____

(1) *France noire,* par A. MONNIER.

rentrent leurs troupeaux, les marchands ferment leurs boutiques, les gens ont l'air affolés. Le tonnerre gronde avec fracas au lointain, et ressemble au bruit du canon au plus fort d'une bataille.

Que va-t-il se passer ? Les ténèbres sont complètes, les éclairs sillonnent en flèches de feu le ciel d'encre. L'eau tombe avec une force inouïe, ce n'est plus de la pluie, c'est une trombe, c'est la tornade. Les rues sont transformées en rivières d'un rouge foncé, les ruisseaux se ravinent, les cases s'effondrent. Tout cela dure à peine une heure.

Il faut rentrer à bord, malgré ce temps. Pas de chalands, pas de pirogues. Nous tombons dans des trous, nous buttons dans des caisses, dans des barils, dans des ballots de pacotille.

Un noir, endormi sous un hangar, secoué et malmené, comprenant quelques mots de français, nous mène à une barque.

Nous accostons au *San-Nicolas* avec bien de la peine, trempés comme des barbets, et malgré cela conservant l'humeur joyeuse. Là ne finissaient point nos ennuis. La porte du quartier était fermée ; l'escalier de bord levé. De notre frêle coquille de noix nous hélâmes nos camarades restés pour le service. Des cordes nous furent tendues et nous arrivâmes sur le bateau tout ruisselants et transformés en dieu Neptune.

A peine enroulé dans mon burnous, et allongé sur mon lit de cordages, à l'avant du bateau, j'attendais patiemment le sommeil réparateur, quand le falot de ronde du capitaine me passa sous le nez.

« Présent, » répondis-je à l'appel de mon nom. Il était

grand temps. Le capitaine, très sévère, tout en étant très droit, m'aurait, ainsi qu'à mes camarades, octroyé quatre jours de fer. Nous préférions être trempés.

15 Août.

Impossible de dormir, l'air qui nous entoure est rare, la respiration est difficile, la température lourde.

Je passais une partie de la nuit à fumer des cigarettes et à pêcher.

Avec une patience de martyr, patience dont chaque pêcheur à la ligne doit posséder une forte dose, je guettais la corde que j'avais jetée à l'avant, munie de gros hameçons et garnie de restes de viande que j'étais allé demander à la cambuse.

Au petit jour, voyant ma ligne de fond fortement secouée, je réveillais mes camarades lesquels, moins patients que moi, et peut-être plus fatigués, s'étaient endormis. Avec mille précautions nous amenons notre pêche. Elle fut reçue avec des éclats d'hilarité semblables à ceux que lanceraient des amateurs voyant un passionné du goujon ramener un vieux soulier ou une vieille perruque.

J'allais rejeter à la mer ma pêche, lorsqu'un moussaillon, que je n'avais point vu, blotti, lui aussi, derrière une botte de foin, se mit à crier : « C'est le poisson perroquet. »

Ce superbe animal, de la grosseur d'une carpe d'étang, avait en effet des écailles multicolores, la bouche crochue, et ressemblait, à s'y méprendre, à un perroquet crevé.

Lorsque le commandant du bord fit son tour sur le pont, je lui offris cet étrange poisson, qui amusa toute une journée les amis et les amateurs, et procédant au dépeçage du pseudo perroquet, nous le fîmes sécher.

Aujourd'hui il orne peut-être un de nos musées maritimes.

Les cloches de la modeste église de Dakar nous rappellent à la réalité ; c'est aujourd'hui le 15 août. Les nègres, négresses et négrillons catholiques ont revêtu leurs boubous les plus propres, leurs cotonnades multicolores où l'indigo, le rouge et le bleu dominent. Il est de ces pagnes dont le dessin montre d'énormes pois, d'autres des carrés, des croissants, des losanges, des quadrilles écossais, des enchaînements d'anneaux, ou encore de grandes barres échancrées, bref, des combinaisons de dessins et de couleurs telles qu'on n'en voit jamais dans nos magasins et qui constituent une véritable révélation.

Ces étoffes, très intenses de ton, choqueraient évidemment l'œil en Europe si on les transformait en redingotes, vestons ou pantalons, mais à Dakar, accommodées en pagnes pour les femmes, ou en amples boubous pour les hommes, drapées sur des torses chocolat, éclairées par un soleil éclatant, encadrées de végétations éternellement vertes, elles s'harmonisent à ravir.

Tout le peuple noir se rend à la messe, prend sa place en silence, et dans un recueillement profond écoute le vieux pasteur à barbe blanche qui lui parle de Dieu et de la sainte Vierge.

J'assiste à l'office divin, profondément ému.

Ce peuple sénégalais, hier encore sauvage, montre aujourd'hui aux colons et aux Européens qui sont venus s'installer pour faire du commerce et coloniser, que le chrétien doit faire et remplir son devoir envers Celui qui l'a créé et mis sur cette terre.

La majorité des assistants est née sur la côte occidentale de l'Afrique. Sauf quelques femmes d'officiers et quelques uniformes, pas un colon n'est venu en ce jour de fête s'agenouiller sur les dalles froides de l'église de Dakar.

L'organisation des escadrons, auxquels le contingent venu d'Algérie doit se joindre, n'est pas complètement terminée.

Appelé par mes fonctions de comptable à transcrire les décisions du commandant, j'assistais avec les officiers du Sénégal à l'organisation des escadrons, qui prennent le nom de « spahis du Benin. »

Travail difficile, mais mené de main de maître par le commandant Villiers, grand organisateur avec lequel rien ne traînait, habitué qu'il était à la vie et surtout aux expéditions coloniales.

Ce brillant officier supérieur comptait dans ses états de service l'Algérie, le Sud Oranais, la Tunisie, cinq années de Tonkin, le Sénégal, le Soudan, et allait briller au Dahomey.

A cinq heures du soir, tout était décidé, organisé, fait, — escadron régulier, escadron irrégulier. Le premier composé d'éléments pris aux spahis sénégalais, le second formé de volontaires enrôlés pour la durée de la campagne. Ces derniers recevaient comme habillement une vareuse rouge, une schéchia et des armes.

Ils complétaient leur habillement et se procuraient un

cheval, pour lequel l'Etat leur allouait un franc par jour comme location.

Cet escadron de mercenaires, campé près du village nègre, était bizarre au possible. Vêtus de boubous multi-

Equipement et harnachement d'un spahi irrégulier.

colores, le corps garni de grigris, d'amulettes efficaces qui doivent les garder de toute malencontre, ces gens vénus du N'Diambour, du Cayor, du Saloum, du Ouolof, du Sin, portent le sabre en sautoir, fixé par une corde tressée de lanières de cuir. Chaque groupe est placé sous la direction d'un chef de pays, roi, prince ou fils de roi.

Grimpés sur leurs petits chevaux à tous crins, cette horde sauvage, poussant des cris de guerre ou chantant les victoires de leurs princes et de leurs ancêtres, ressemblait à une tribu de bohémiens à la recherche de la fortune.

Il a été convenu qu'on dérogerait aux habitudes suivies au Sénégal pour les troupes indigènes. Les spahis n'emmèneraient point leurs familles. Femmes, enfants, resteront à Dakar. La moitié de leur solde sera touchée par leurs épouses pour l'entretien du ménage pendant leur absence.

Nous sortions de la salle où venait de se tenir la réunion pour l'organisation des escadrons, lorsqu'un orchestre, composé de flûtes, de tarboukas, de castagnettes de fer, de chaudrons, entre au quartier, suivi des grios et de tout le village nègre.

Hommes, femmes, enfants sont dans la cour, assis en rond sur leurs jambes repliées et faisant face aux grios et au roi de Dakar.

D'une voix nasillarde et fausse, ils chantent les faits de guerre de leurs chefs et de leurs ancêtres, accompagnés d'airs rythmés par les tarboukas qui les entraînent merveilleusement pour les exercices étranges auxquels ils vont se livrer. Ils semblent s'enivrer de cette musique et entrent bientôt dans une espèce d'extase qui donne une expression de colère extraordinaire à leur physionomie. Leurs visages s'éclairent, leurs yeux brillent d'un éclat sauvage, ils se lèvent rapidement, comme mus par une force brutale.

Tout à coup, l'un d'eux se détache du groupe, lève les

Tout à coup l'un d'eux se détache du groupe... (Page 56.)

bras au ciel, les déploie horizontalement et commence à tourner lentement sur lui-même.

Un second, puis un troisième, puis bientôt toute une bande, gagnée par un vertige irrésistible, se met à tourner en rond en pivotant comme des toupies avec une vitesse vertigineuse, tandis que l'orchestre accélère la mesure et que les autres poussent des cris de guerre.

Voilà bientôt un quart d'heure qu'ils tournent et sautent ainsi, sans se heurter jamais, les bras étendus en croix, la tête inclinée sur les épaules, les yeux hagards, en proie à une ivresse profonde.

Pas un n'a donné encore le moindre signe de fatigue ou de défaillance.

Les tarboukas continuent à ronfler, les flûtes et les castagnettes pressent leurs chants d'un diapason impossible et criard. L'un d'eux tout à coup, exténué, à bout de forces, se laisse tomber, épuisé, sur le sol qui résonne sourdement.

Aussitôt les femmes viennent le recouvrir et l'emportent évanoui.

Au bout de quelque temps, cinq ou six sont tombés, terrassés par la fatigue, les lèvres entr'ouvertes et trempées aux commissures d'une légère écume blanche.

17 Août.

Juchés sur les agrès, sur les cages à poules, les Sénégalais mènent grand train ; les éclats de rire arrivent jusqu'à l'avant. Leur gaîté ne se dément pas, en dépit du temps maussade, et cependant cette brume qui nous environne depuis notre sortie de Dakar, n'est point faite pour réjouir le cœur.

Il ne faut plus compter se promener à bord, c'est une fourmilière humaine. La nuit, on couche où l'on peut, il faut barricader le gaillard d'avant, où nous avons élu domicile depuis Oran.

Nous avons rencontré l'aviso *le Sané,* qui a terminé sa campagne et rentre en France, sa grande flamme déployée au grand mât.

Nous longeons les côtes, bientôt nous dépassons Sierra-Leone et doublons le cap des Palmes. La barre, reconnaissable au loin à son moutonnement, puis quelques villages : Béribi, Grand-Laham. Enfin, Grand-Bassam et ses factoreries, avec le pavillon français que nous saluons du navire.

18 Août.

Les insolations se font nombreuses parmi nos chevaux; le manque d'air et de repos les anémie vite. Dans la même journée, nous en jetons trois à la mer. Opération difficile et dangereuse, nous sommes obligés de démolir une partie des écuries où ces pauvres animaux, serrés les uns contre les autres, tiennent debout par la force du raisonnement.

Lorsqu'un tombe, à bout de force, il faut l'achever et le déchiqueter pour le sortir de dessous les pieds des autres, mettre des traverses pour conserver l'intervalle et éviter une bousculade générale.

Depuis hier, nous sommes escortés d'une troupe de marsouins qui nous amuse beaucoup, et sur laquelle nous passons notre temps à tirer.

19 Août.

Deux noirs sont alités, la fièvre les mine, nous craignons une épidémie de dengue, influenza des indigènes de laquelle ils se remettent rarement et qui les paralyse entièrement. Cette épidémie ne touche que l'élément noir et n'est point dangereuse pour l'Européen.

CHAPITRE V

**Géographie du Dahomey.
Traités. — Causes de la campagne de 1890.
Campagne de 1890.**

La vie à bord serait monotone sans les multiples occupations que nécessitent une longue traversée et les soins
que nous devons à nos chevaux et à nos hommes.

Beaucoup d'entre nous ne connaissent rien de ce coin
du Benin où nous nous rendons. Le royaume du Dahomey, celui de Porto-Novo, sont des pays inconnus à la
plupart.

Qu'est-ce que Behanzin ?

Pourquoi ce noir nous fait-il la guerre ? ou plutôt
pourquoi allons-nous en ce pays déranger un peuple libre
de ses actions ?

Des conférences, faites par un de nos officiers, nous
mirent au courant des causes de cette campagne.

Suivies avec curiosité et beaucoup d'intérêt, ces conférences nous prouvèrent à quel point la France et le
gouvernement étaient en droit de demander réparation
par les armes à ce peuple sauvage, cruel et sans bonne foi.

Avant de continuer, et puisque j'ai entrepris de conter
au jour le jour ma campagne au Dahomey, j'ouvrirai ici

une large parenthèse pour initier mes amis aux causes des campagnes de 1890 et 1892, résumant le plus possible celle de 1890, à laquelle je n'ai pas assisté.

Le Dahomey, dont l'étendue a souvent varié, a en réalité des limites assez difficiles à fixer.

En 1892, il était borné au sud par le golfe du Benin, à l'est par le lac Denna et la rivière de So ou Zamou, laquelle, avec un affluent de l'Ouémé, le sépare du royaume de Porto-Novo.

Vers l'ouest, le Dahomey semblait limité par la rivière d'Aô.

La population offrait peu de densité et ne dépassait certainement pas 300,000 habitants.

Le Dahomey, devenu un des principaux Etats de la Guinée supérieure, n'était donc qu'une bande de terrain appuyée sur la mer et située à 1,800kilomètres de la France.

Dans cette contrée, la mer en toute saison déferle sur le rivage avec une violence extrême, surtout à l'embouchure des rivières. Les ondulations de l'Océan, d'abord assez fortes, grossissent peu à peu en se dirigeant vers la côte ; mais, avant d'y arriver, elles rencontrent au fond de la mer un relief du sol qui forme une série d'obstacles comparables aux dents d'une crémaillère. Alors les vagues se dressent, s'élevant en hauteur à chaque nouveau choc qui se produit, poursuivies elles-mêmes et souvent atteintes par d'autres vagues qui passent par dessus les premières, en affectant la forme d'une volute. Il semble qu'elles vont arriver au rivage, engloutir ce qui est devant elles, mais bientôt elles se brisent et retombent en bouillonnant avec fracas, étalant sur le sable une eau écumeuse qui se retire avec une rapidité inouïe.

Grâce à cet obstacle, les côtes du golfe de Guinée sont difficilement abordables.

Le Dahomey présente comme aspect une succession de terrasses et de plateaux s'élevant par des pentes plus ou moins sensibles, de la mer aux collines de Manthis, contreforts des montagnes de Kong.

Des marais et des lagunes d'une largeur variable coupent le pays. Le marécage qui sépare le royaume de Porto-Novo du plateau d'Abomey est le plus considérable, il a environ deux cents kilomètres de circonférence. On y rencontre un grand nombre de cours d'eau, dont le principal est l'Ouémé.

Le climat est équatorial plutôt que tropical.

Les saisons se divisent en deux saisons sèches et deux saisons de pluies.

Grandes pluies de mai à juin, moindres de septembre à novembre. Du 15 juillet au 15 septembre, petite saison sèche. La grande saison sèche, parfaitement tranchée, dure de décembre à fin mars.

Il y avait au Dahomey une civilisation relative, et chez ce peuple si sauvage un respect profond de l'autorité.

En aucun pays, l'autorité royale n'était aussi puissamment organisée. Chacun pratiquait, vis-à-vis de son souverain, l'obéissance passive. Nul n'osait mettre en doute l'infaillibilité du grand chef.

Les formes de la politesse étaient très en honneur chez les Dahoméens; une stricte étiquette leur dictait les paroles à prononcer, les révérences et les agenouillements à faire suivant la qualité des personnes qu'ils rencontraient; même quand un dignitaire du royaume, sans se montrer lui-même, se faisait représenter par sa canne, que portait un esclave, cet insigne était reconnu partout avec de grandes démonstrations de respect. Devant le bâton du roi, tous se prosternaient.

Le fétichisme est la religion de ce peuple. Comme le fanatisme des Arabes, il leur fait accomplir des actes de grand courage en guerre et d'une cruauté inouïe en temps de paix.

Les coutumes ou fêtes du sang ont coûté la vie à des milliers d'êtres que l'on sacrifiait aux mânes des grands chefs, ou que l'on offrait aux fétiches en signe de reconnaissance à la fin d'une expédition heureuse contre les tribus voisines.

L'armée, d'après les derniers renseignements des officiers et voyageurs français, était organisée de la façon suivante :

Behanzin avait 50 grands chefs, qui devaient entretenir chacun 50 hommes. En cas de guerre, ces chefs devaient recruter 2,000 hommes de plus, ce qui portait à 4,500 le chiffre des combattants, bien équipés et bien armés. La levée en masse devait procurer de 12 à 15,000 hommes. Quant à la garde du roi qui, en temps de paix, se composait de 800 amazones, elle était portée à 2,000 en temps de guerre.

L'armement consistait en fusils de toute provenance, Wenchester, Manlicher, Mauser, Chassepot, fusils à pierre.

Les amazones étaient armées d'une carabine Wenchester et d'un coupe-coupe.

Leur artillerie se composait de six mitrailleuses et de canons Krupp.

Ils n'avaient point de cavalerie.

Nos relations avec le Dahomey dataient de Louis XIV
(1671). Celui-ci reçut à cette époque des ambassadeurs,
parmi lesquels se trouvait le petit roi noir du domaine
d'Ardak, l'ancêtre de Behanzin.

A cette époque, nous possédions à Wydah un fort et
une faible garnison.

Sous le règne de Louis-Philippe, le prince de Joinville
débarqua à Wydah et fut reçu par un haut fonctionnaire
du Dahomey, Titi, qui l'invita à dîner et le servit dans
de la vaisselle plate. Cette consécration fut solennellement
reconnue le 1ᵉʳ juillet 1851 par un traité d'amitié et de
commerce conclu entre le Président de la République
française et Guézo, roi du Dahomey.

L'année suivante, Guézo nous donnait, en échange de la
protection que nous lui accordions, le village de Kotonou,
seule station pouvant servir de port à notre nouveau territoire.

Le 19 mai 1868, un traité régulier ratifia cette convention
qui n'avait été que verbale.

Pendant que nous traitions avec le Dahomey, notre
influence s'étendait sur divers comptoirs de la côte du
Benin et nous acquérions successivement Grand-Popo,
en 1857, Petit-Popo, en 1864, Agoué et Porto-Séguro,
en 1868.

De ces possessions, nous ne gardions que Grand-Popo
et Agoué, les autres furent cédées à l'Allemagne en
échange de quelques points du littoral sur les rivières
du Sud.

Le 18 avril 1878, au sujet d'un différend survenu entre le
Dahomey et l'Angleterre, et à l'occasion duquel les négo-

ciants français s'imposèrent de grands sacrifices pour tirer le roi du Dahomey d'une situation fâcheuse, celui-ci consentit à une nouvelle convention aux termes de laquelle il renonçait aux profits de douane sur Kotonou.

En 1887, Glé-Glé, alors roi du Dahomey, souleva des difficultés au sujet de la validité du traité de 1878, nous sommant même d'avoir à renoncer non seulement à l'occupation de Kotonou, mais encore à notre protectorat du royaume de Porto-Novo.

Le silence fut la seule attitude jugée digne et Glé-Glé en conclut à une intimidation.

Un incident mit le feu aux poudres vers la fin de 1887.

Nous avions établi, le long de l'Ouémé, quelques petits postes de tirailleurs sénégalais et quelques factoreries commandées par des noirs tout dévoués.

Les Dahoméens se portèrent sur ces postes et saccagèrent tout le pays au nord du royaume de Porto-Novo, emmenant avec eux près de 2,000 esclaves.

Le Gouvernement ferma les yeux.

La population de Porto-Novo fut terrifiée et ne se sentant pas protégée par nous, se réfugia, le roi en tête, sur le territoire de Lagos, à l'abri du pavillon britannique.

L'administrateur particulier du golfe du Bénin, M. Beckmann, écrivait le 4 avril au contre-amiral Brown de Colstoun, qui commandait en chef la division navale de l'Atlantique, pour obtenir l'envoi de quelques soldats.

Une compagnie de débarquement eut beaucoup de peine à rétablir la tranquillité.

Le contre-amiral était devant Kotonou, à bord de *l'Aréthuse*, croiseur à batteries. Il avait avec lui le croiseur de 2ᵉ classe *le Sané*, commandé par M. Léopold Fournier, capitaine de vaisseau. M. Brown de Colstoun n'hésita pas à former avec les compagnies de débarquement des deux navires une troupe dont le commandement fut confié au capitaine de frégate Thomas, second de *l'Aréthuse*, et qui réussit peu à peu à ramener le calme à Porto-Novo. Les fugitifs revinrent dans leurs villages.

Le roi du Dahomey, pendant ce temps, faisait fermer les factoreries françaises de Wydah, niait tous nos droits sur Kotonou et même l'existence du traité de 1878 ; puis il fit expulser les religieuses françaises de Wydah, ainsi que le Père Dorgère, chef de la Mission.

Telle était la situation, lorsque la France se décida enfin à charger M. Bayol, alors lieutenant-gouverneur des rivières du Sud, d'aller demander au roi du Dahomey des explications sur ses actes déloyaux, ainsi que la ratification du traité précédemment conclu.

Ayant écrit au roi du Dahomey et n'ayant pas obtenu de réponse satisfaisante, M. Bayol résolut d'aller trouver le roi à Abomey.

Il télégraphia au Gouvernement le 16 novembre 1889 :

« *Pars à l'instant pour Abomey. Roi m'a envoyé ambassade.* »

Ce fut le prince héritier Kon-Dô, qui, chargé par son père de traiter les affaires extérieures, répondit insolemment à M. Bayol que le territoire de Kotonou lui appartenait et que nous devions l'évacuer, renoncer à notre protectorat sur Porto-Novo et lui livrer nous-mêmes le roi Toffa.

M. Bayol proposa l'arbitrage d'une puissance européenne pour examiner la validité des traités. Kon-Dô ne voulut pas y consentir.

A toutes les conditions posées par le représentant de la France, le prince opposa un refus catégorique. M. Bayol se retira donc, et quelque temps après son départ, Glé-Glé mourait empoisonné, dit-on, par son fils, le prince Kon-Dô.

Celui-ci succéda à son père et monta sur le trône du Dahomey sous le nom de Behanzin *(le Caïman)*. Dès son arrivée au pouvoir, il se prépara à mener une action énergique contre nous.

Avisé de la situation, M. le Sous-Secrétaire d'Etat aux Colonies soumit la question au Conseil des ministres, qui crut devoir repousser toute idée d'offensive et ne voulut pas engager une action énergique sans le concours financier des représentants du pays.

A la suite de la décision du Gouvernement, un corps expéditionnaire fut envoyé au Benin. Ce corps était commandé par le chef de bataillon Terrillon et se composait de deux compagnies de tirailleurs sénégalais et d'un détachement d'artillerie auxquels fut adjointe une compagnie de tirailleurs du Gabon.

Marcher sur Wydah, où plusieurs de nos nationaux se trouvaient à la merci du roi Behanzin, sembla par trop téméraire avec un effectif de 300 hommes. Force fut donc à regret de les abandonner à leur sort. On décida de prendre pied solidement à Kotonou et d'y construire un fort (21 février 1890).

Un grand nombre d'engagements eurent lieu, celui du 4 mars 1890 fut le plus sérieux :

« Dans la nuit du 3 au 4, profitant d'un orage très violent, une armée de 3,000 guerriers, formant deux masses d'attaque, prenait possession dans les bois qui entourent Kotonou, en silence et en ordre, à quelques mètres de nos avant-postes, attendant pour attaquer, l'heure propice, le premier chant du coq. En raison de la nature du terrain très fourré, et de la manière de combattre des Dahoméens, qui rampent et se dissimulent avec beaucoup d'adresse, et aussi à cause de notre faible effectif, le commandant avait adopté pour la nuit un système de sûreté très simple : quatre petits postes d'une section, échelonnés au delà du village indigène ; pas de sentinelles avancées, trop faciles à enlever ; les gardes civils et deux pièces de canon en seconde ligne, près d'un gourbi appelé par euphémisme *sanatorium* ; le gros, dans les factoreries.

« Comme les vigies des navires n'avaient rien signalé d'anormal la veille, tout le monde était dans les cantonnements, sauf quelques hommes de garde et le lieutenant Compérat, chef du petit poste le plus exposé, au nord de la place, dans un fortin en construction.

« A quatre heures quarante-cinq, la tornade venait de s'apaiser. La lune disparaissait au milieu des nuages. Compérat, ancien zouave, de la promotion de Saint-Maixent 1884-1885, entend des rumeurs sourdes, des chuchotements, des bruits étouffés par le sable humide. Il réveille sa troupe et se met en position de défense. Tout à coup des grelots, des hourras, des cris, des feux de mousqueterie, une foule immense se dresse à dix pas des palanques, entoure le bastion et veut y pénétrer à l'arme blanche. Compérat commande son premier feu, suivi de

plusieurs salves tirées avec ensemble. Les Gabonnais
sont calmes, malgré l'imminence du danger. L'officier reçoit
trois balles dans le corps, dont l'une lui brise l'omo-
plate gauche.

« Les féticheurs qui marchent en tête des contingents
sont sans armes ; une queue de cheval qu'ils agitent à
droite et à gauche, comme un chasse-mouches, leur sert
d'épée de commandement pour entraîner leurs hommes à
l'assaut et de grigri protecteur contre les projectiles des
blancs.

« Les guerriers combattent le sabre d'une main, le fusil
de l'autre ; ils tirent au hasard, sans viser ; des esclaves
ramassent les armes et les rechargent. Les blessés sont
achevés, les têtes emportées comme trophées.

« Les amazones s'élancent sur les remparts, écartent
les arbres à peine enfoncés, et, à travers les interstices,
glissent les canons de leurs fusils. Nos hommes se
trouvent dans une souricière. Ils font une sortie pour
dégager la gorge de l'ouvrage ; trois sont tués, huit blessés.
Le fort est enveloppé ; les cadavres des ennemis hissés sur
le sommet des palmiers et que l'on tue à bout portant
tombent à côté de nos blessés. Compérat, héroïque, rallie
tout le monde, ne souffle mot de ses blessures, et
se décide à mourir sur place plutôt que de lâcher la
position. Il attend. Le secours était proche, heureusement.

« Le lieutenant Lagaspie, son camarade de promotion,
arrive au pas de charge avec un peloton de tirailleurs,
suivi bientôt de la 4° compagnie tout entière. Un mouvement d'hésitation se produit dans les hordes dahoméennes.
Le jour apparaît. La petite section française est dégagée.

A gauche de la ligne, nos affaires sont un instant compromises.

« La colonne ennemie avait attaqué avec vigueur et enfoncé notre poste de garde en tuant cinq hommes. Elle poursuivait sa marche au milieu des ténèbres, et allait atteindre les factoreries, lorsqu'elle rencontra la compagnie Lemoine qui la fit reculer vers la forêt, où l'artillerie du *Sané* envoyait ses obus dès le début de l'affaire. Cette phase du combat dura deux heures.

« A six heures quinze, les Dahoméens essayent un retour offensif, mais l'artillerie de terre a pris position et contribue au succès de la journée. De six heures quarante à neuf heures, l'ennemi, quoique vaincu désormais, essaie de se reformer et n'hésite pas à se découvrir.

« A neuf heures trente, les plus intrépides disparaissent en abandonnant leurs morts : cent vingt guerriers, sept amazones. Les patrouilles volantes signalent que la plaine est jonchée de cadavres.

« L'ennemi avait reculé, mais il avait montré une bravoure et un acharnement inouïs. Les abords du champ de bataille témoignaient de la rage avec laquelle on avait combattu des deux côtés. Il y avait un véritable amoncellement d'hommes et de femmes, les uns sur les autres, des mares de sang, des têtes tranchées, des figures grimaçantes, des mains crispées. Nous avions huit tués et vingt-six blessés (1). »

Des renforts successifs furent envoyés du Sénégal. Le commandant Fournier qui explorait la côte, apprit à

____

(1) *Au Dahomey*, par Alex. D'ALBÉCA.

Wydah que les Français qui s'y trouvaient et sur lesquels on avait de trop justes appréhensions, avaient été attirés hors de la factorerie Fabre, où ils s'étaient réfugiés, saisis comme otages et dirigés sur Abomey, enchaînés par les pieds et par le cou.

Ce fut une longue torture que ce voyage d'Abomey accompli par nos compatriotes : le Père Dorgère, MM. Bontemps, Piétry, Deuley, Heuzé, Legrand, Tooris et Chaudoin.

M. Chaudoin écrit : « On nous pince, on nous serre les côtes en nous traitant de chiens, et même de noirs, insulte qui nous ferait bien rire à tout autre moment.

« Le geôlier chargé de mailler notre chaîne suit l'exemple de ses chefs, il m'allonge des coups de ciseau sur la tête ; mon voisin n'est pas plus heureux, car la brute s'amuse à lui pincer le nez entre le maillet et le ciseau, au grand contentement de la galerie qui rit à se tordre et paraît infinement s'amuser de ces outrages. . . . .

« Immédiatement après la musique, portés processionnellement par quatre vigoureux guerriers, nous apercevons quatre pots de terre couverts d'une nuée de mouches et d'où s'exhale une odeur terriblement fétide. Notre gorge se serre brusquement, le cœur pris comme dans un étau, la tête vide, dans une angoisse épouvantable, nous les regardons : quatre têtes de Français, tirailleurs sénégalais, tués à Kotonou, vont aller grossir l'ossuaire et le trophée de guerre du roi. Quelle épouvantable vision (1) ! » . . .

Le combat d'Atchoupo, 20 avril, termina la campagne de 1890.

---

(1) *Trois mois de captivité au Dahomey*, par M. CHAUDOIN.

Les otages furent rendus, et le 3 octobre l'arrangement suivant était signé : Behanzin s'engageait à respecter le protectorat du royaume de Porto-Novo, et de s'abstenir de toute incursion sur le territoire faisant partie de ce protectorat. Il reconnaissait à la France le droit d'occuper indéfiniment Kotonou. A titre de compensation, il devait être versé annuellement par la France une somme qui ne devait pas dépasser vingt mille francs.

Notre campagne de 1890 au Dahomey s'était donc bornée à défendre les intérêts de nos nationaux sur le littoral, à maintenir nos droits sur Kotonou en faisant reconnaitre la validité du traité de 1878, et à assurer notre protectorat sur Porto-Novo.

Nos pertes, sur un effectif d'un millier d'hommes dont 250 noirs de Toffa, ont été de quarante-deux officiers ou soldats tués au feu ou morts de leurs blessures.

Cette campagne a eu en outre le mérite de jeter un nouvel éclat sur les armes françaises, et elle a prouvé une fois de plus que sur les plages inhospitalières comme partout où flotte le drapeau tricolore, nos soldats ont toujours eu pour devise « amour de la patrie, confiance en ses chefs, abnégation de soi-même pour le devoir. »

Behanzin conclut que par le traité que nous avions signé en 1891 et l'indemnité annuelle que nous lui versions, nous le considérions, non comme un vaincu, mais comme un puissant avec lequel il fallait prendre des ménagements.

Il s'enhardit et suivit à la lettre tous les conseils que

lui donnèrent ses féticheurs, parti tout-puissant en ce pays qui réclamait à grands cris l'expulsion des étrangers et la continuation des anciennes coutumes et des sacrifices humains.

La traite des noirs reprise sur une vaste échelle au Dahomey fut une des causes de la campagne de 1892.

Pour tenir ses engagements avec l'Etat libre du Congo et avec le baron de Gravenreuth, représentant de la colonie allemande du Cameroun, il lui fallait guerroyer de nouveau et faire ses immenses razzias de noirs.

Il marcha au mois d'avril contre les Ouatchis dépendants de notre protectorat de Grand-Popo et contre Porto-Novo.

Notre chaloupe canonnière *la Topaze*, faisant le service de la lagune de Porto-Novo, fut assaillie par une bande de Dahoméens qui tirèrent sur notre équipage et notre pavillon.

Il fallait mettre à la raison encore une fois ce roi noir, sans foi ni loi.

La mission du colonel Dodds fut décidée. Le blocus des côtes fut établi, et cette mesure immédiatement notifiée aux puissances étrangères.

La campagne de 1892 était commencée.

J'espère que mes amis ont pu suivre pas à pas les différentes phases par lesquelles est passé le Dahomey avant d'en arriver aux campagnes de 1890 et de 1892.

Comme je le disais quelques pages plus haut, ce n'est qu'en m'appuyant sur des documents sérieux que j'ai pu résumer les faits d'armes de nos devanciers au Dahomey, et que j'ai pu rappeler les noms des héros qui, sur cette terre inhospitalière de l'Afrique Occidentale, ont combattu pour la patrie et ont versé leur sang pour une cause sacrée et déjà bien vieille, l'abolition de l'esclavage par la suppression de la traite des noirs.

CHAPITRE VI

Le Débarquement.

20 Août.

« Dans quarante-huit heures, nous devons être devant Kotonou, » nous annonce le commandant du bord ; aussi voyons-nous surgir de tous côtés quantité de petits noirs, que nous avons engagés au Sénégal avant de partir de Dakar, et qui doivent nous servir de porteurs particuliers, d'ordonnances, de cuisiniers pendant la colonne.

Samba, auquel j'avais acheté un boubou multicolore superbe, et dans la poche duquel j'avais glissé une pièce de cent sous, avait disparu depuis notre départ. Comment vivait-il ? Comment s'était-il nourri depuis quatre jours ? Mystère !

Je me suis toujours douté que c'étaient lui et ses camarades qui avaient vidé une partie de nos boîtes de conserves.

La nuit, lorsque tous nous reposions à bord, cette fourmilière de négrillons voyageait et cherchait à se sustenter. C'était tout naturel, et bien dû.

23 Août.

L'avant du *San-Nicolas* a vu s'augmenter son petit clan,

nos gourguis s'y sont donné rendez-vous et veillent sur nous.

24 Août.

Une plage de sable de 500 mètres entre l'Océan et la lagune, quelques baraquements et paillottes, c'est Kotonou.

Du navire arrêté à 1,500 mètres de la côte, nous distinguons le va-et-vient de la petite garnison.

Se détachant nettement des touffes de palmiers et de cocotiers, les factoreries piquent dans le paysage la note européenne.

Le Mytho que nous n'avons pas vu pendant toute la traversée, arrive deux heures après nous et vient se ranger à tribord.

Partis le 6 d'Oran, notre traversée, escale comprise, n'a pas duré tout à fait vingt jours.

De Kotonou, on nous envoie les ordres.

Les minas lancent une baleinière à la mer et franchissent la barre.

L'équipage de chaque baleinière se compose d'une douzaine de noirs minas, mariniers consommés ; munis de pagaies dont la palette est découpée en trident, ils piochent l'eau en cadence, rythmant leurs efforts par une mélopée continue, sorte de chorale en partie double répétée tour à tour par l'équipe de tribord et celle de bâbord. Le chœur, dans son improvisation hâtive, ne manque pas d'harmonie. Les paroles varient selon les circonstances, la qualité des personnes, la nature de la cargaison. Les passagers sont-ils des Européens ? le chant peut se traduire comme suit :

« Dans notre barque, il y a des blancs, il ne faut pas chavirer ! » Et tous de s'écrier : « Non ! non ! Ramons bien, ramons ferme ! »

Debout à l'arrière, armé d'un long aviron, le barreur accélère ou modère l'allure, attentif à la fois aux oscillations du flot et à la mimique du féticheur posté sur la plage. Celui-ci, le geste impérieux, admoneste la mer, et, ce qui vaut mieux, signale aux arrivants l'approche d'une lame propice.

On attend ainsi, parfois plusieurs minutes, les pagaies hautes, laissant passer les vagues. Au signal donné, les bras se crispent, les tridents font rage, le chant va crescendo. Un coup de houle, et l'embarcation lancée vers le rivage avec la vitesse d'un express, laboure la vase, puis s'arrête frémissante, tandis qu'invariablement un dernier embrun la balaye. Les noirs s'emparent du voyageur, et tout courant le déposent plus ou moins trempé sur le sable.

Une fois sur trois, la barque touche le bord, la quille en l'air. Cela ne tire pas à conséquence. Le seul danger serait de se trouver pris sous la coque aux membrures de fer pesant deux ou trois tonnes. Il suffit pour l'éviter que le passager règle ses mouvements sur ceux des noirs ; lorsqu'il les verra lancer leurs pagaies à l'eau et piquer une tête du côté du vent, il n'hésitera pas à les suivre. Il en sera quitte pour une pleine eau de quelques secondes et viendra échouer à la grève, contusionné, mais complet. Pareil incident se reproduit chaque jour, les catastrophes sont rares.

Les minas mirent trente minutes pour arriver jusqu'à nous, porteurs des ordres qu'a laissés le colonel Dodds.

Samba était aux prises avec les minas, auxquels il défendait l'entrée du gaillard d'avant. Armé d'une chaise pliante, il tapait à bras raccourci sur les plus rapprochés. Ceux-ci, en haut de l'escalier, poussaient des cris si aigus que les officiers du bord envoyèrent quelqu'un s'informer de ce qui se passait.

Samba allait être pincé par un grand noir qui venait d'escalader le bastingage et se préparait à lui faire un mauvais tour. J'arrive juste au moment où, cerné de tous côtés, mon gourgui cherchait une issue propice pour battre en retraite.

A ma vue, le grand diable se calme et dans son langage mimé je crus comprendre que la paix serait faite si je lui garnissais l'estomac et celui de ses camarades. Notre ration de biscuit était intacte depuis plusieurs jours, nous la leur jetâmes. Comme des chiens affamés, qui attendent une vaine pâture, ils se ruèrent sur cette maigre pitance en s'en disputant les morceaux.

Deux ou trois coups de bâtons bien appliqués les rappelèrent à la réalité, et leur firent comprendre qu'ils n'avaient plus à violer notre domicile.

Loués par les factoreries pour le service des débarquements, les Minas, noirs de la côte taillés à coups de hache, sont doués d'une force herculéenne. Ils remuent des caisses de cent kilos avec autant de facilité que je porte une cigarette à ma bouche. Un détail typique de leur toilette les distingue des autres gens de la côte. Les cheveux ras et crépus sont tenus courts, sauf au sommet de la tête et près des oreilles où, réunis, tressés et gommés, ils forment deux cornes les faisant ressembler à une bande de diables.

Un énorme requin était à deux brasses de Ceisson. (Page 86.)

1er Septembre.

Quelques heures avant de quitter le bateau.

Le débarquement du matériel, des munitions, des chevaux dure depuis huit jours. Je reste à bord un des derniers avec le capitaine de Fitz-James et le vétérinaire Renouard.

Voir mes camarades à terre fait bouillonner mon sang, je voudrais être parmi eux et savoir ce qu'on va faire de nous.

Quelques récits rapportés par ceux qui communiquent avec les baleinières nous arrivent fortement augmentés et même dénaturés. C'est ainsi que j'ai appris que Behanzin s'était rendu et le Dahomey pacifié, que les troupes avaient fait merveille, et que tout serait fini dans huit jours.

Le warf (1) nous tend les bras et semble nous dire : je suis là pour vous aider, venez vite, la mer me secoue avec rage, mais je tiendrai bon jusqu'à votre retour.

Les baleinières, confiées aux Minas, font le va-et-vient entre le warf et le *San-Nicolas* depuis huit jours.

La mer ce matin est méchante, les lames viennent se briser avec violence contre les flancs du navire.

Le détachement des quinze hommes qui reste à bord, doit aller aujourd'hui retrouver les premiers débarqués, déjà installés sur le sol ferme depuis huit jours.

---

(1) Grande jetée en fer construite au-dessus des brisants, et permettant d'arriver à la côte sans le concours des baleinières et des minas. Malheureusement pas construit assez en avant dans la mer, il ne permit pas aux navires d'accoster.

1ᵉʳ Septembre.
A terre.

Au moyen d'une échelle de corde, je descendis le premier. J'arrivais au dernier échelon et croyais être à la fin de mes peines, quand, d'un coup de mer, la baleinière se trouve à dix mètres au-dessous de moi. Je tenais ferme, et suspendu dans le vide, j'attendais le retour de la coquille. Ce ne fut pas long ; la barque revint avec une telle force, que je me trouvais au fond et à hauteur du bastingage du *San-Nicolas*, avec une grappe d'hommes sur le dos.

Nous étions cinq sur l'échelle, et la baleinière, en râclant les flancs du navire, nous avait cueillis.

Les Minas piochaient dur de leurs tridents, scandant leurs efforts d'une mélopée continue.

La barre est proche, la mer se heurte contre ses brisants avec un bruit de tonnerre et retombe en coquilles irisées sous les rayons ardents d'un soleil de plomb.

Impossible d'utiliser les escaliers du warf, notre faible embarcation se briserait comme verre. Une échelle de corde nous est jetée et l'opération inverse commence.

Mon ami Ceisson, qui était venu au bateau pour acheter une caisse de vin blanc, rentre avec nous. Je le fis passer le premier. A peine avait-il pris l'échelle que la baleinière reçoit une telle secousse, qu'il perd pied et se trouve immergé, le corps à l'eau jusqu'à la ceinture. Un cri poussé par un Minas me fait tourner la tête. Un énorme requin était à deux brasses de Ceisson.

Ramenée par la lame et guidée adroitement par nos

noirs, la baleinière recueillit à temps Ceisson et le sauva d'une mort atroce.

Nous étions enfin sur le warf, nous traversions bien tranquillement la barre. Les lames venaient déferler jusque sous nos pieds, et fouettaient avec une grande violence le tablier.

Deuxième Partie

AU DAHOMEY

CHAPITRE PREMIER

Kotonou.

2 Septembre.

Pêle-mêle, sur la grève, caisses, fûts, ballots, fourrages attendent leur emmagasinage. La main d'œuvre manque.

Les quelques soldats d'infanterie de marine qui restent à Kotonou, sont occupés à instruire les tirailleurs Haoussas, les autres sont de service au blockhaus et dans les fortins.

Les spahis soignent leurs chevaux si maltraités pendant la traversée.

Les caisses sont ouvertes, les harnachements complétés et revus avec soin, chacun s'occupe de sa troupe et veille à ce que rien ne manque avant la mise en route définitive.

Les mulets sont harnachés à neuf. Nous en attelons quelques-uns à nos petites voitures Lefèvre, pour les habituer aux traits. Ce sont des mulets non dressés et achetés à Philippeville avant notre départ.

De Thézillat est chargé de la direction des mulets, des voitures et des chargements ; il passe tout son temps à réunir ses conducteurs noirs et à arrimer les harnais de cuir fauve, qui sont du plus joli effet.

Nous essayons nos attelages, et sur la grève, du côté de la lagune, en arrière du village de Kotonou, nous nous amusons à faire notre avenue du Bois de Boulogne.

De Thézillat, qui est grand chef dés conducteurs, est en tête, sa petite voiture de fer aux larges roues est attelée d'un superbe mulet alezan, sur lequel brille un harnais irréprochable. Par des voltes et des demi-voltes savantes il nous fait défiler et dresser sommairement nos attelages. Les noirs du village sont émerveillés ; ils ne connaissaient pas encore ce genre de transport ; le Dahomey et le royaume de Porto-Novo ne possédant ni voitures, ni chevaux, ni mulets, tout cela est nouveau pour eux. Ils nous suivent en écarquillant des yeux curieux en boules de loto.

Tout à coup, l'harmonie de notre défilé est rompue. Le superbe alezan, agacé par les cris des petits négrillons, se cabre, pointe et part droit comme une flèche, à une allure vertigineuse ; les autres, véritables moutons de Panurge, suivent. La lagune est à cinquante mètres, en ligne droite. Ne parvenant pas à maîtriser son mulet, de Thézillat va prendre un bain forcé dans la lagune et barbotte pendant un bon quart d'heure dans la vase. Cet incident qui se termine sans malheur, nous divertit fort.

L'artillerie de marine, arrivée à Kotonou depuis un mois, est à peu près installée ; les sous-officiers, jeunes gens charmants, pleins d'entrain, vieux coloniaux habitués de longue date aux installations provisoires, nous offrent l'hospitalité et nous reçoivent à leur table.

Un petit pavillon, construit avec un art parfait et des

matériaux hétérogènes : débris de caisses, branches de palmiers, toiles de tente, douves de tonneaux, caisses de conserves, panneaux de carton, était notre salle à manger.

Nos gourguis, sous les ordres et la direction de Tranquart, vieux sous-officier du Sénégal, préparaient les aliments. Les caisses de conserves achetées à Dakar, furent apportées, rangées, le matériel de popote déballé, les fourneaux de campagne installés, les menus dressés. Chacun s'ingénia et donna son avis sur la confection de tel ou tel plat ; ce fut parfait, et jamais je n'ai mangé avec autant d'appétit que sur la plage de Kotonou.

L'administration de la marine nous traite fort bien, et à nos provisions viennent s'ajouter les distributions réglementaires faites chaque jour : viande et pain frais, sucre et café, riz, tafia, vin, légumes desséchés, thé, sel, vinaigre, etc.

Le Kotonou indigène se compose de quelques paillottes, habitées par des noirs qui nous vendent avantageusement les produits du pays. Pour dix centimes, nos salakos se remplissaient de petits citrons délicieux, de bananes, d'ananas, de noix de coco.

La noix de kola, si appréciée des noirs, et aujourd'hui entrée en si grande proportion dans la confection des vins stomachiques, stimulants et réconfortants, coûte fort cher, même au pays noir.

Grosse comme un marron d'Inde débarrassé de son enveloppe, blanche ou légèrement rosée lorsqu'elle est fraiche, la noix de kola est d'un brun foncé lorsqu'elle a quelque temps de cueillette ; du Sénégal à Porto-Novo, sa valeur est de dix centimes pièce.

M'étant aperçu du faible que les noirs ont pour ce fruit, et pouvant obtenir beaucoup par lui, j'en achetai une assez grande provision, que je cachai avec mille précautions dans une petite malle en fer cadenassée, dont m'avait fait cadeau le capitaine de Fitz-James. Cette provision me rendit de grands services dans le courant de la campagne. Lorsque je voulais avoir mes hommes immédiatement sous la main, plus rapidement qu'avec le sifflet ou par le commandement, je criais à mon peloton : « Distribution de kóla! » Il était inutile que je fisse l'appel, personne ne manquait ; bien au contraire, j'étais obligé souvent de faire une distribution supplémentaire à quelques hommes des pelotons voisins.

3 Septembre.

Hier au soir ce fut fête à la popote des sous-officiers : artilleurs et spahis se tenaient les coudes, on fraternisait.

Une brise légère animait le rare feuillage sur lequel la vue venait se reposer de l'immensité bleue. Les lucioles, dans leurs courses folles, venaient s'échouer et se brûler les ailes aux bougies, piquées dans des bouteilles vides, qui éclairaient notre salle de festin.

Point de porcelaine ni de verres sur la table, notre vaisselle est en fer émaillé, et les verres sont des « quarts » de fer battu que l'administration militaire nous a donnés avec notre équipement.

L'équipement se compose, en outre, d'un casque blanc (salako) orné d'un croissant et d'une étoile en cuivre, d'une vareuse en laine rouge, d'un pantalon bleu, large et noué au-dessous du genou, d'une ceinture de coton rouge et de la chemise, sans empois, en coton également.

Kotonou.

La toile est sévèrement proscrite sous ces latitudes, elle provoque des éruptions très douloureuses. Le gilet de flanelle est remplacé par un filet de corps en coton ou en soie.

Mon premier repas sur la terre ferme du Bénin fut une orgie de mets, de vins, de liqueurs et d'alcools. Contrairement à l'opinion répandue en Europe, j'avais entendu dire par mes anciens aux colonies, qu'il ne fallait pas changer grand'chose à ses habitudes ; en ce qui concerne la nourriture et la boisson, ni augmenter, ni diminuer. En somme, le mieux est d'éviter tous les excès, de quelque nature qu'ils soient. Et en cela je suis payé, ainsi que beaucoup de mes camarades, pour le savoir.

Notre réception s'était prolongée fort tard dans la nuit ; la tête lourde je me dirigeai vers mon lit, sur lequel à moitié habillé je me jetai.

Quelques feuilles sèches, quelque menue paille prélevée sur la ration de mon cheval, mes burnous, voilà ce que j'appelais mon lit.

J'étais à peine endormi qu'un bruit sourd et prolongé, un bourdonnement continuel, me tirent de ma rêverie. Je me lève et vais derrière les cases où étaient groupés les tirailleurs et les spahis indigènes.

Un grand noir, que je reconnus pour un des interprètes emmenés de Dakar, debout au milieu d'un groupe d'hommes et de femmes assis près d'un feu, pérorait et gesticulait. Je m'approchai à pas de loup et, sans être vu, je pris place au dernier rang du cercle.

Deux grands trous, creusés dans la journée, avaient été remplis d'eau ; les Musulmans, avec leurs croyances et leur fatalisme, attendaient patiemment que la terre bût l'eau et que les trous fussent à sec. Mokodou-Fay, l'interprête, sur un ton rythmé et saccadé, chantait les gloires de ses ancêtres, ses victoires, ses prises, et démontrait à ses coreligionnaires que la France serait victorieuse, si le premier trou se vidait d'abord.

Le premier trou représentait la France, l'autre le Dahomey.

Après une heure d'attente, pendant laquelle plusieurs grands diables prirent la parole, au milieu de la nuit qui prêtait à cette démonstration un décor de tragédie, le premier trou était complètement à sec. Les Français avaient battu Behanzin et nous rentrions vainqueurs au Sénégal.

Cette représentation m'avait fortement émotionné, je retournai prendre quelque repos. A six heures, ce matin, le brouhaha et les allées et venues faites autour de moi me firent ouvrir les yeux. Il faisait grand jour, tous étaient à leur poste, pansaient leurs chevaux, mettaient en ordre leurs paquetages, rangeaient les caisses, s'occupaient à divers travaux. Je fus honteux de moi-même, et me levai précipitamment. Après m'être passé une éponge humide sur la figure, j'essayai de me diriger vers mon peloton. Hélas ! je n'avais pas compté avec la fièvre. Notre réception d'hier me coûtait cher, je dus me rejeter sur mon lit et prendre force quinine et thé alcoolisé.

Je m'étais précautionné en quittant Oran où j'avais acheté les médicaments indispensables aux colonies : quinine, ipéca, quinquina, sinapismes, antipyrine, laudanum, acide phénique cristallisé, papier Fayard, pierre infernale, sulfate de soude, perchlorure de fer, teinture d'iode, alcool de menthe, compresses, linge, charpie, toile gommée. Le tout rangé dans une petite caisse à compartiments de 0^m,65 de longueur sur 0^m,25 de hauteur et 0^m,25 de largeur.

Cette petite pharmacie de poche, pesant à peine dix kilos, m'a suivi pendant toute la campagne ; ce fut le seul objet dont je ne me suis jamais séparé, et qui m'a rendu de véritables services, non seulement à moi, mais même à mes noirs.

C'est cette petite pharmacie qui me sauva ce matin-là et me remit rapidement sur pied.

Dans la journée, ce malaise passa et je pus aider le capitaine de Fitz-James dans son travail.

4 Septembre.

La factorerie Fabre avait mis à la disposition des officiers des chambres et des lits.

Trois ou quatre grands bâtiments construits sur le sable de la plage, à cinq cents mètres de la mer, enclos de bambous.

Le premier étage d'un de ces bâtiments était aménagé en chambres spacieuses et blanchies à la chaux, très sommairement meublées d'un lit de fer à moustiquaire et d'une table de toilette. Là, le capitaine de Fitz-James, les lieutenants de Tavernost et Basset avaient élu leur domicile.

Le capitaine, assis sur une malle, écrivait, tout en me dictant ses ordres pour l'escadron : promenade des chevaux sur la plage, rations des chevaux, tir à la cible, etc.

Notre travail fini, il m'invita à passer dans un autre pavillon, où une grande table, continuellement dressée, dénotait, par les restes du repas, que là aussi on s'était bien soigné.

Par les larges ouvertures, fermées de persiennes lamées,

nous arrivait une légère brise de mer, et le panka, c'est-à-dire un large écran suspendu au-dessus de la table et mis en mouvement par un négrillon, complétait l'aération de cette immense salle.

Un verre de koktail à la glace me fit le plus grand bien.

Pénétrant pour la première fois de ma vie dans une factorerie, j'en voulus connaître tous les secrets.

Un grand bâtiment servait de magasin de vente, un des administrateurs m'en fit visiter l'intérieur me donnant des explications fort intéressantes sur le commerce de la colonie.

« Pour mettre ces pays-ci en valeur, me disait-il, pour en tirer les très grandes richesses qu'ils sont susceptibles de donner, il faut s'ingénier à créer aux indigènes des besoins nouveaux, les initier à des mœurs nouvelles, multiplier, accumuler les tentations. »

Sur les rayons qui ploient, des ballots de cotonnades multicolores que l'Afrique absorbe par des milliers et des milliers chaque année. C'est triste à constater, mais toutes les pièces portent l'étiquette de Manchester. Certes, nos négociants africains ne demanderaient pas mieux que de réclamer à l'industrie française ce principal article de leur commerce. Je n'en veux pour preuve que les patriotiques efforts tentés par M. Bohn, directeur de la Compagnie française.

Il ne s'est pas contenté de faire parvenir à nos industriels les échantillons des étoffes en vogue : il a encore envoyé à Elbœuf, à Rouen et dans le Nord, ses employés les plus compétents, pour guider et stimuler les fabricants, leur montrer, chiffres en main, l'écoulement assuré, leur garantir même un minimum sur lequel ils puissent baser leur fabrication. Partout la même apathie, partout le mauvais vouloir le plus caractéristique. L'un, archi-millionnaire, objectait les frais d'un outillage nouveau ; l'autre, par cette fabrication qu'il considérait comme inférieure, craignait de déconsidérer sa marque de fabrique !

Au lieu de cela, les industriels anglais se montrent pleins de prévenances, accueillent avec reconnaissance les avis qu'on leur donne et se hâtent de les mettre à profit, n'hésitant pas à faire de coûteux changements pour produire des articles nouveaux.

Et encore sur les rayons des couteaux, de vieux sabres, armes réformées des armées européennes, ce qui fait voisiner la lance du uhlan allemand avec le coupe-choux du garde-champêtre français ; de longs fusils de traite, à pierre, aux crosses teintes en rouge, vert ou ocre ; ça vaut, pour les noirs, entre dix à douze francs ; ça part rarement, mais toujours ça finit par éclater ; d'autres, fusils encore que je reconnais parce qu'ils m'ont mis au port d'armes, des fusils Gras. A droite et à gauche, du fil, des aiguilles, des glaces, de petits flacons remplis d'horribles parfums, d'essences extraordinaires, des alignements de sacs de sels, des barillets de poudre, de grandes marmites en fonte pour cuire le riz ; du biscuit aussi, de ce biscuit de troupe dont nos soldats sont si dédaigneux, et qui fait les délices des noirs.

La verroterie est en baisse, depuis des siècles qu'on en écoule en Afrique, cela n'est pas surprenant. Les grains d'ambre et le corail ont seuls conservé quelque faveur.

Puis encore des parapluies superbes en coton, des pantoufles criardement brodées, des ballots de tabac en feuilles, du rhum de Hambourg dont la dame-jeanne de dix-huit litres revient à 6 fr. 50, etc...

Telles sont les tentations qui attirent l'indigène autour du long comptoir de la factorerie, si bien que parfois il vient y mettre en gage ses colliers et anneaux d'or, et fait, portant ses produits sur sa tête, des kilomètres et des kilomètres.

Malgré les nombreuses recommandations qui nous ont été faites au sujet des bains froids, avec mon ami Ladey, des spahis, je me dirige vers la lagune de Kotonou, et, cachés derrière la factorerie, à l'ombre d'une palissade de palmiers, nous nous jetons à l'eau. A quelques mètres de nous, des noirs chargeaient des briques sur une pirogue à destination de Porto-Novo. Nous prenions tranquillement nos ébats dans les flots calmes de la lagune, lorsqu'un cri strident vient frapper notre oreille, et en même temps, une pluie de briques et de pierres lancées par les noirs tombe autour de nous.

Entre deux eaux, glissant en silence, un superbe caïman s'avançait pour nous happer. Sauter dans l'embarcation la plus proche, fut l'affaire d'une seconde, et nous pûmes voir, à deux mètres de nous, le sinistre amphibie continuer sa course. La leçon était bonne, mais la baignade courte.

Les rives de la lagune étaient bordées de cases d'indigènes, vendant aux troupes noires les fruits du pays, du beurre de palmier, des bananes et des patates douces.

Pêcheurs passionnés, les noirs de Kotonou revenaient

chaque jour de leur pêche avec des pirogues pleines de poissons blancs. Nous achetâmes ce soir-là, pour la popote, une superbe friture et un régime de bananes cuit sous la cendre.

5 Septembre.

La *Ville-de-Céara*, paquebot de la Compagnie des Chargeurs Réunis, est arrivé à Kotonou le 3 au soir, amenant l'escadron de spahis irréguliers, sous les ordres du capitaine Crémieux-Foa. Son débarquement s'est opéré avec une grande célérité, grâce à un va-et-vient établi entre le navire et le warf. La *Ville-de-Céara*, outre l'escadron de spahis irréguliers, avait à bord les capitaines Benoît, Lemoine, les lieutenants Mérienne, Lucas, Mouveaux, Bosano, M. Alexandre d'Albéca, administrateur colonial, le lieutenant Mizon et la petite Alima S'nabou, ramenée par le lieutenant Mizon de son voyage dans l'Adamaoua.

S'nabou, habillée à l'européenne avec une petite toilette noire, vient visiter ce matin notre camp de Kotonou ; le lieutenant de Tavernost la fait monter à cheval et va faire avec elle une promenade sur les bords de la lagune. A son retour, l'aumônier du *Mytho*, qui avait installé son appareil de photographie, prit un groupe à cheval des officiers présents, du lieutenant Mizon et de la petite S'nabou.

Je n'ai, malheureusement, pu savoir ce qu'était devenu ce cher aumônier, pour lui demander une épreuve de cette originale photographie que j'aurais été heureux de présenter ici.

Un des navires, en rade de Kotonou, part pour la France. Chacun s'empresse de donner de ses nouvelles aux siens.

8 Septembre.

Tous les jours passés ont été employés à faire manœuvrer les irréguliers, « bouniouls, » à leur apprendre à
se servir de leurs armes. Un de nos spahis indigènes est
mort à l'hôpital de Kotonou de la « dengue. » Nous
l'enterrons dans le petit cimetière, en dehors des
palanques.

Là, le commandant, en quelques paroles émues,
salue les restes de ce brave, mort pour son pays d'adop-
tion.

9 Septembre.

Tous sont partis, seul je reste avec mon peloton, que
je fais manœuvrer ou promener sur la plage.

A onze heures du soir, le commandant Stéphani fait
une alerte pour s'assurer que chacun connaît son poste de
combat.

CHAPITRE II

En route pour Porto-Novo.

12 Septembre.

Le 10 septembre, à cinq heures du soir, je reçois du commandant d'armes de Kotonou une dépêche émanant de mon chef d'escadrons. Je devais rejoindre la cavalerie à Porto-Novo.

Le 11, à dix heures du matin, six grandes pirogues accolées deux à deux et sur lesquelles une plate-forme a été jetée, se trouvent dans la lagune, à proximité du magasin de concentration.

Mon détachement se composait de trente-quatre hommes et trente-six chevaux, dont neuf petits chevaux du pays de Dakar. Chaque plate-forme prend douze chevaux et onze hommes, des fourrages et des vivres. Quatre noirs par pirogue, armés de longues perches faites de côtes de palmier, piochant en cadence le fond du fleuve, devaient nous remonter ainsi jusqu'à Porto-Novo.

Un soleil de plomb tombait verticalement sur nos têtes, le ciel était d'un bleu superbe. L'Ouémé roulait ses eaux vaseuses, arrosant sur son parcours les plantes tropicales les plus bizarres. De nos pirogues, à perte de vue, nous n'apercevions pas la moindre parcelle de terre. Des arbres

gigantesques, penchés au-dessus de l'eau, semblaient nous
saluer au passage. L'épais rideau de verdure qui encadrait
cette route fluviale était peuplé d'oiseaux aux multiples
couleurs, aux reflets gorge de pigeon, aux tons Loïe Füller.
Les caïmans abondaient dans les eaux de l'Ouémé ; au
bruit que faisaient mes hommes, ils quittaient les bancs
de sable d'où paresseusement ils guettaient leur proie ou
faisaient la sieste. Curieux de voir un de ces amphibies
de près, j'armai ma carabine, prenant mon temps et choisissant l'endroit, je tirai dans l'œil d'un de ces superbes
reptiles. La mort fut foudroyante, l'animal resta sur place.
L'eau se teinta de rouge. Nous avions stoppé cinq minutes ;
un des noirs qui paraissait être le chef de nos piroguiers
détacha une mignonne pirogue, véritable petite périssoire,
et, en trois coups de pagaie, se trouva près de la victime.
Une liane attachée à la queue suffit pour ramener ma
chasse vers la plate-forme.

Ce caïman, qui mesurait 3^m,20 de long, fut dépouillé
à notre arrivée à Porto-Novo et mis en lieu sûr.

Je devais le reprendre à mon retour (1).

Les oiseaux que je rencontrai sur ma route étaient le
perroquet, le touraco, l'ibis, le pigeon, la tourterelle,
l'oiseau-mouche.

« Les différentes essences de bois qui bordaient les
berges du fleuve étaient le manglier et le palétuvier, dont
le bois est inattaquable par l'eau de mer ; le cocotier ; le
camwood, bois à grain fin et serré, plus lourd que l'eau ;
de blanc qu'il est ordinairement, il devient, lorsqu'on le
coupe, rougeâtre au contact de l'air, et exhale, si on le

____

(1) Il se trouve aujourd'hui au Musée d'histoire naturelle, à la
Faculté des sciences, à Nancy.

râpe, une odeur analogue à celle du palissandre ; le
palmier à huile, grand arbre à gros tronc, produisant un
fruit de la grosseur d'une noix, qui renferme une amande
de nature oléagineuse ; le mancone, dont l'écorce produit une substance que les noirs emploient pour empoi-
sonner leurs flèches et qui arrête net, dit-on, les batte-
ments du cœur ; le gommier, qui donne la gomme copal et
a été nommé par les Anglais « African Red-Gom » ; le kola,
arbre de dix à douze mètres de hauteur ; le grævia melo-
carpa, dont le fruit, comestible et sucré, est employé
pour composer certaines boissons rafraîchissantes ; le
ricin, qui est arborescent, comme dans toute l'Afrique ;
le schmidelia africana, bois d'ébénisterie ; le blighia
sapida, dont les fruits sont mangeables et dont les fleurs
servent à la préparation d'une eau aromatique ; le toulou-
couna, des graines duquel on retire une huile très dense
dont on fait usage contre les rhumatismes, les dartres, les
maladies du cuir chevelu, les piqûres d'insectes et principalement contre l'attaque des chiques ; son écorce, riche
en tannin, est très amère. Il est utilisé comme fébrifuge
et ses fruits passent pour être vomitifs ; l'avicennia, grand
arbre toujours vert, qui est très abondant le long des
fleuves, mais fort rare sur la côte et dont l'écorce est
employée par les noirs à se guérir de la gale ; le pandanus,
d'une vingtaine de mètres d'élévation, dont les fleurs et les
fibres sont employées comme textiles ; la morinda citri-
folia, petit arbre qui donne une teinture de couleur safran,
et dont le fruit cuit sous la cendre est employé contre la
dysenterie, contre l'asthme et comme vermifuge ; le gar-
denia jovis tonantis, arbuste de deux à trois mètres de
hauteur, dont le nom vient de ce que les indigènes placent

ses rameaux au sommet de leurs cases pour conjurer la foudre ; le raphia, qui produit une liqueur que les indigènes appellent le vin de Boudou ; le manioc, arbrisseau de un à trois mètres, dont les tubercules, raclés et pelés, fournissent, après une préparation spéciale, une fécule comestible d'où on tire le tapioca ; le poivrier, qui fournit la graine dite « le Paradis », employée dans le monde entier comme condinent excitant et tonique ; le gingembre, dont on fait également usage comestible ; le caféier, qui croît spontanément sur toute la côte occidentale, depuis la Casamance jusqu'à la Côte de l'Or, et atteint, lorsqu'on ne l'étête pas pour augmenter sa production, jusqu'à dix ou douze mètres de hauteur ; le bananier, le cotonnier, l'ananas sauvage (1)... »

Les heures se succédaient, et, toujours très lentement, nous montions le fleuve. Le panorama le plus pittoresque se déroulait sous nos yeux. A trois heures de l'après-midi, nous entrions dans le lac Denham, et, vers l'ouest, à quelques centaines de mètres de nous, s'apercevait le village d'Avansouri, construit sur pilotis, au milieu du lac, par les indigènes de Godomé.

Continuellement pillés autrefois par les ancêtres de Behanzin, les habitants, voulant échapper aux razzias des bandes de maraudeurs, étaient venus demander asile et protection aux eaux du lac, la religion fétichiste défendant au roi et à ses troupes de franchir l'eau autrement qu'à

---

(1) *Les Colonies françaises,* notice publiée par ordre du Sous-Secrétaire d'Etat des Colonies, sous la direction de Louis HENRIQUE, commissaire spécial de l'Exposition coloniale.

gué, et leur interdisant par suite l'usage des ponts et des bateaux.

Nos noirs, hommes habitués au service des convois de Porto-Novo à Kotonou, connaissant le lac du nord au sud, de l'est ou l'ouest, dans ses moindres détails, évitaient les bancs de sable et les fonds vaseux avec une habileté parfaite, suivant le sillon marqué par les piroguiers passés dans la matinée, et ayant laissé des piquets de

Le village d'Avansouri.

distance en distance, pour montrer à ceux qui viendraient la trace et le chemin à suivre.

Il nous arriva cependant de nous enliser. Alors, rapides comme l'éclair, ces grands diables sautaient à l'eau, et, à force de bras, ramenaient la pirogue en arrière et repartaient après avoir légèrement viré. Vers quatre heures, nous piquions droit vers l'ouest, dans la direction de Porto-Novo. A cinq heures, le lac était traversé et nous pénétrions dans l'Ouémé proprement dit. La nuit commençait à tomber : les lucioles, poursuivies par les oiseaux-mouches, ressemblaient à autant de petites bougies imper-

ceptibles suspendues à des fils et balancées par un léger
souffle. Depuis le matin, nous n'avions pas aperçu un être
humain en dehors de notre convoi.

A un kilomètre de l'endroit où le fleuve se jette dans
le lac, il fait un coude très prononcé et tourne immédiatement à droite. Cachée derrière une immense touffe de
bananiers, une case construite de palmiers et recouverte
de chaume abrite un ménage tofani, espèce de douanier
indigène qui se précipite sur une immense perche et
hisse le pavillon français, pendant que son horrible mégère
fait des signes d'amitié et pousse des cris qui doivent, dans
son idiome, dire beaucoup de choses aimables à l'adresse
des blancs.

A ce moment-là, nos trois plates-formes se suivaient
de près. Comme mus d'un commun ressort, chacun se
leva, ôta respectueusement son casque, et mon brave
ordonnance Bia, trompette à l'escadron, sonna la marche.

En voyant tout à coup, dans ce pays désert, au milieu
de cette végétation luxuriante, et hissées par des noirs
non civilisés, les couleurs du pavillon français, les larmes
nous vinrent aux yeux. Nos cœurs se serrèrent. Rapides
comme la flèche, la Patrie, la famille, les amis, tout cela
nous passa sous les yeux, le sang bouillonna dans nos
veines, on se rappela le devoir à remplir, et devant ce
lambeau de toile tricolore, la faiblesse, la lassitude, l'ennui,
tout disparut, on redevint homme et guerrier.

A huit heures du soir, la nuit était complète ; à peine
distinguait-on les berges du fleuve et cependant nous
longions la rive gauche.

A chaque instant, l'avant de la pirogue rencontrait les
racines d'un de ces arbres gigantesques qui bordent les

rives, ou s'enfonçait dans un réseau de lianes. Tous ces incidents nous prenaient un temps énorme, et les noirs, que l'on ne distinguait plus, étaient las et refusaient de continuer leur route.

Ne pouvant arriver à me faire comprendre de mes

Le botet de la factorerie Régis.

piroguiers, je hélai les deux autres plates-formes qui vinrent accoster la mienne. J'étais résolu, vu l'impossibilité dans laquelle je me trouvais de me faire obéir, de passer la nuit sur le fleuve. Après avoir fortement amarré nos embarcations, pris une légère nourriture et trempé nos lèvres dans l'eau vaseuse du fleuve, je donnai à chacun l'ordre de se coucher. Avec Bia, je devais monter la garde jusqu'à une heure du matin, et mes deux brigadiers de une heure du matin au lever du jour.

Toutes mes précautions prises, mon service assuré, chacun reposait depuis une heure environ, lorsque j'entendis un bruit, vague d'abord, puis de plus en plus intense. Je me penchai dans la pirogue, et l'oreille au fil de l'eau, je distinguai bientôt le bruit fait par l'hélice d'un bateau.

J'allumai une torche de paille, vingt minutes s'écoulèrent ; la *Topaze*, canonnière de la flottille, stoppa à cinquante mètres de moi :

« France ?... »

— France ! répondis-je à l'appel lancé du bord.

— Que faites-vous ? Que voulez-vous ?

— Partis ce matin à onze heures de Kotonou, nous ne pouvons arriver à Porto-Novo cette nuit, nos noirs refusent de marcher, nous sommes à leur discrétion, et n'avons aucun renseignement sur la direction.

Le commandant de la *Topaze*, premier maître de marine et deux laptos sautèrent dans un youyou, et, après nous avoir reconnus, nous distribuèrent des cordages que nous amarrâmes fortement. Dix minutes après, nous reprenions notre marche sur Porto-Novo, où nous arrivions à minuit.

Un calme profond présida à notre débarquement ; seul, un brigadier attendait au botet (1) de la factorerie Régis et me communiqua les ordres du commandant Villiers. Je devais rester là jusqu'au jour et prendre mes dispositions pour y passer la nuit.

A cent mètres du fleuve, se trouvait une case immense,

---

(1) Petite anse au fond de laquelle se trouve un appontement. Chaque factorerie en possède un.

abandonnée, espèce de hangar où l'on remisait la marchandise. Quelques futailles vides y étaient encore. Je fis ranger les chevaux au fond.

Le service de nuit assuré, chacun prit le repos bien mérité.

Couché en travers de la grande baie de la case, mon noir à mes côtés, mes burnous sur moi en couvertures, j'essayai de dormir. Hélas! les moustiques, les maringouins commencèrent une folle sarabande autour de mes oreilles et sur mon corps. Piqué par tout ce monde invisible et taquin, je pris le parti le plus sage, fumer et me promener.

J'évitai ainsi ces assauts agaçants et douloureux, contre lesquels il n'y a aucun remède.

CHAPITRE III

Porto-Novo.

Ce matin, au grand jour, j'ai fait mon entrée au camp
des Amazones, où le reste de l'escadron est déjà installé
depuis cinq jours.

Le fort des Amazones, à l'ouest de Porto-Novo et défendant la ville dans cette direction, est situé sur une plate-
forme à 50 mètres au-dessus du niveau de la lagune. Pour
y arriver, en colonne par un, nous suivons des petits sentiers à pic, par lesquels nos petits chevaux grimpent avec
beaucoup de peine.

Je rencontre le capitaine de Fitz-James auquel je rends
compte de ma mission, il m'indique les emplacements
destinés à mes hommes et à mes chevaux.

Mes camarades installés depuis quelques jours m'ont
réservé une place dans un petit pavillon assez cocasse.
Mon brigadier-fourrier, Faucoulange, a eu l'obligeance
de me toucher un tara, une moustiquaire et un matelas.
Je vais être aux anges, j'entre au paradis. Depuis mon
départ d'Oran, je ne sais plus ce que c'est qu'une couchette, et encore bien moins un matelas.

Combien de temps devons-nous rester à Porto-Novo ?
Nul ne le sait, tous ignorent leur destinée.

Les nouvelles de la colonne jusqu'alors sont bonnes,

la légion fait des prodiges de valeur. On se bat avec entrain, les opérations sur le Dékamé ont réussi, il est à peu près pacifié.

15 Septembre.

Le colonel Dodds ne se fait pourtant pas d'illusion.

« Les plus grosses difficultés qu'on aura à vaincre, écrit-il, proviendront, on le sait d'avance, non pas du nombre ou de la valeur de l'ennemi, mais de l'insalubrité du pays, du manque de routes et de moyens de transport, enfin de la nature même de la région qui ne constitue dans son ensemble qu'une immense forêt dont les dessous, garnis d'arbustes et d'une herbe géante (plus de deux mètres de hauteur) et épaisse, forment une « brousse » impénétrable.

« Il faudra, en marche ou en station, débroussailler constamment, soit pour élargir le sentier à suivre, où un mulet et à plus forte raison une voiture ne peuvent pas passer, soit pour établir le bivouac et créer un champ de tir en avant.

« On doit s'attendre à trouver l'ennemi embusqué dans cette brousse, où un fusil à pierre tiré à dix mètres produit le même effet que les armes de précision. On aura donc, sinon des surprises, au moins des attaques inattendues, et c'est surtout sur les chefs que se porteront les coups. On marchera constamment le fusil d'une main, le coupe-coupe de l'autre ; l'habileté des indigènes sénégalais dans le maniement de ces outils sera aussi précieuse que leur courage. »

Le colonel Dodds, déjà aimé de ses Sénégalais qui le

connaissaient depuis longtemps, avait été émerveillé le 16 août sur le plateau des Amazones, lors de la revue de départ.

« Sauf la compagnie de l'infanterie de marine et quelques artilleurs, écrit un témoin oculaire, toutes les troupes étaient noires et ont défilé avec un entrain superbe devant le colonel et son état-major. On a remarqué l'allure des compagnies de volontaires; ces hommes, ayant trois mois de service à peine, marchaient comme de vieux soldats. »

Hier matin, l'avant-garde de la colonne est arrivée à Dogba, où doit s'opérer la concentration, par les routes que les indigènes ont ouvertes dans les forêts. Par suite de la crue des eaux, la cavalerie n'a pu suivre la colonne.

16 Septembre, neuf heures du soir.

Depuis quatre jours que je suis à Porto-Novo, j'ai beaucoup vu et beaucoup appris.

Les occupations ne manquent pas, notre organisation est définitive, chacun a sa mission, son service bien défini, il ne faut plus maintenant qu'arriver au but.

Les heures de loisir sont nombreuses cependant, car en dehors d'une petite manœuvre en forêt le matin, des soins à donner aux chevaux et les diverses distributions, nous sommes libres. Nous en profitons pour ranger nos cases, visiter Porto-Novo, aller saluer le roi Toffa, serrer la main aux Pères blancs, compléter nos provisions de bouche, améliorer notre ordinaire, vérifier notre habillement et nos harnachements.

Tout doit être prévu avant le départ. Il faut compter

ne rien trouver en route. On doit donc emporter avec soi jusqu'aux choses de moindre importance, sous peine d'en être définitivement privé.

Ma case ou plutôt notre case, car nous sommes quatre dans le petit taudis qui nous a été octroyé, est faite de grosses tiges de palmiers accolées en palissade les unes à côté des autres et maintenues entre elles par des lianes tressées, la toiture en pyramide s'élève au-dessus de nos têtes à environ deux mètres. De forme carrée, cette case est partagée en deux par une cloison de même nature que les murs ; dans chaque chambre au sol battu, deux taras garnis de leurs moustiquaires, un tabouret, qui nous sert aussi de table de toilette, forment le mobilier peu confortable, il est vrai, mais que nous trouvons superbe.

Il faut peu de chose pour nous rendre heureux ; je crois que jamais je n'ai habité plus belle chambre et n'ai si bien reposé.

La nuit dernière cependant, après avoir pris toutes les précautions que nécessite l'entrée au lit, dans un pays peuplé de moustiques, c'est-à-dire après avoir quitté mes vêtements de drap, endossé une immense gandourah descendant jusqu'aux talons et enroulé autour des reins une ceinture de flanelle-coton, avant d'ouvrir la moustiquaire qui couvre totalement le lit, j'avais soufflé la bougie pour ne point laisser pénétrer le moindre insecte dans la couchette.

Toutes ces précautions prises, je reposais tranquillement, attendant le sommeil réparateur ; en vain je me tournais et retournais sur mon matelas. Etait-ce la préoccupation d'une visite de petites bêtes ? Peut-être.

Dans la journée, j'avais fait la chasse à de gros rats qui se promenaient sur la charpente.

Des petits lézards multicolores grimpaient le long des palmiers, les cris-cris cachés dans quelque coin m'entonnaient une romance agaçante. L'idée que j'étais piqué par quelque reptile et qu'un rongeur se pavanait sur moi me tenait en éveil. Las de ces préoccupations qu'en Europe on traiterait de futiles, je me décidai à allumer ma bougie.

Je poussai un cri de stupeur. Ma moustiquaire, ma gandourah, moi-même et les parois de la chambre entière étaient complètement noirs. Tout d'abord, je ne me rendis pas compte de ce qui se passait. Faucoulange, qui, lui aussi, avait sauté hors du lit et était habitué à ces sortes d'invasions, me rassura bien vite.

« On a dérangé des fourmis, me dit-il, elles vont chercher un autre gîte ; elles ont pris leur point de direction, et rien ne les en fera dévier. Voyons d'où elles viennent et où elles se rendent. »

En effet, nous étions la proie d'une invasion de fourmis.

Une lumière à la main et en bannière, nous pénétrons chez nos voisins. D'Urbal et Ceisson, comme nous, étaient criblés de fourmis, mais sans souci aucun de ces vilaines bêtes, dormaient à poings fermés.

Faucoulange ne les réveilla point. Nous sortîmes de la case, en suivant la trace épaisse et noire, et nous arrivâmes à un fourneau de campagne construit dans la soirée et devant nous servir par la suite à faire notre popote.

Mis à la porte par les fourmis, force nous fut d'y rester jusqu'au passage complet de la colonne noire.

Une heure durant, des milliers de fourmis défilèrent,

emportant avec elles leurs provisions, leurs munitions et leurs progénitures.

Une détonation, venant du fort, nous intrigua. Faucoulange et moi, poussés par la curiosité, nous allâmes voir ce qui se passait : c'était l'artillerie qui faisait des expériences de signaux avec des fusées de couleurs. J'ai su ce soir que la colonne installée à Dogba a été inquiétée par ces signaux, qu'elle croyait être un signe de ralliement des Dahoméens.

Le reste de la nuit fut très calme, et nous reposâmes, Faucoulange et moi, comme deux loirs.

Aussi faisait-il grand jour lorsque mon fidèle noir Baba-Ba, spahi sénégalais, vint me réveiller.

Une forte démangeaison, semblable à celle produite par une engelure, me rendait intolérable à supporter la pression de ma botte droite.

J'en fis part à mon ordonnance.

— Moi savoir ce que c'est, me dit-il. C'est une chique.

Je lui ris au nez, n'ayant point encore entendu parler de cet insecte.

— Défais ta botte, moi enlever et guérir de suite.

Je me déchaussai, et accroupi sur le sol je lui présentai mon pied droit ; consciencieusement il en passa l'inspection.

Je le vis prendre une longue aiguille et fouillant dans les chairs, il me montra un petit point oblong et noirâtre. Il fallut pratiquer immédiatement l'*échiquage*, sans quoi je risquais des désordres pouvant amener un érysipèle ou même la gangrène et le tétanos.

« L'échiquage se pratique au moyen d'un aiguille, avec aquelle on opère comme s'il s'agissait d'enlever une écharde ; on pique la peau à côté du point noirâtre, on passe la pointe de l'aiguille sous l'insecte qu'on enlève sans brusquerie, en une seule fois autant que possible. On panse ensuite la plaie avec un peu d'alcool camphré. Si l'insecte est une femelle qui a pondu ses œufs, il faut avoir recours au bistouri et au nitrate d'argent.

La chique est un petit animal semblable à une puce, qui vit dans les herbes et le sable, et s'implante dans la peau. La chique traverse les étoffes, et par les coutures, pénètre dans les chaussures. Elle attaque surtout les pieds et un léger chatouillement indique sa présence. Si on peut le faire, il faut alors la saisir et surtout l'enlever sans tarder davantage, car elle n'a encore que les mandibules introduites sous la peau (1). »

Il n'est pas rare de rencontrer des indigènes avec une ou deux phalanges rongées par les chiques.

Pas de remède possible, en dehors de l'inspection minutieuse par un noir habile.

Ayez donc, pour les colonies, de bonnes chaussures à doubles coutures, où vous serez à l'aise et en même temps à l'abri de l'invasion de ces insectes gênants. Je recommanderai le grand brodequin lacé et prenant la cheville, complété de la molletière en cuir, parce que, arrivé au bivouac et dans la tente, vous enlevez les molletières et délacez légèrement votre soulier, qui devient de suite une chaussure de repos. Les chaussons, pantoufles, petits souliers, doivent être rigoureusement proscrits.

Une autre mode de molletière est celle employée par les chasseurs alpins, et les Anglais aux Indes. Ce sont

(1) *Les Colonies françaises.*

des bandes de flanelle, qu'on enroule autour des mollets,
comme le font nos officiers de cavalerie aux chevaux
dont ils veulent préserver les membres. Je recommande
surtout ce complément parfait de la chaussure, aux
marcheurs, à l'infanterie et aux chasseurs.

La botte, si jolie en garnison, n'est pas le moins du
monde pratique en campagne ; elle tient chaud, abîme
le pied, demande des soins qu'en colonne on ne peut
donner, faute de temps et du matériel spécial que nécessite
son entretien. S'il pleut, il faut garder ces longs tubes
aux jambes, les y laisser sécher ; se coucher avec, si le
lendemain on veut pouvoir s'en servir. Je sais que beaucoup de gens ne seront pas de mon avis, aussi est-ce simplement un conseil que je glisse dans ces quelques pages,
et que je me crois autorisé à donner, ayant eu le premier à
me plaindre, en colonne, de l'emploi de la botte.

La vie de camp bat son plein, quelques tentes dressées
autour des popotes abritent cuisiniers, marmitons, gourguis, provisions, philtres.

Nos fourneaux sont tout simplement des trous creusés
en terre, entre les racines d'un baobab, dont les profonds
ravinements du tronc forment les tuyaux de cheminée.

Les gourguis sont occupés à aller puiser de l'eau près
de la lagune, à une petite source, et à remplir de grandes
barriques placées debout et montées sur une charpente
faite d'abatis d'arbres.

Le fond de la barrique, percé d'une infinité de petits
trous de vrille, a été garni de couches superposées de cailloux blancs, de briques pilées, de charbon, de sable fin.
C'est notre philtre. L'eau, traversant ces diverses couches,
y dépose ses impuretés, puis est reçue dans un grand

récipient fait de grandes boîtes de conserves en fer blanc.

C'est là que vient s'approvisionner tout l'escadron.

Ce matériel, parfait en station, est malheureusement peu transportable. Nos précautions hygiéniques du début ne doivent pas, faute de temps, faute de transport, faute d'installation prolongée, être employées dans la colonne. Des philtres Chamberland très perfectionnés les remplaceront.

La forte chaleur, les tiraillements insupportables de la soif, nous feront commettre bien des imprudences, tout le monde ne connaissant pas le moyen très simple d'obtenir une eau à peu près potable et superbe de clarté et de limpidité.

Un morceau d'alun cristallisé, gros comme une noix, qu'il est facile d'avoir sur soi ou dans son paquetage, éviterait énormément de maladies, fièvres, dysenteries, ver de guinée, etc. Ce serait le fétiche, le grigri protecteur du soldat.

Comment s'en servir ?

C'est très simple.

Un petit bâton ou une petite baguette, légèrement fendu à un bout, pince le cristal d'alun ; l'eau tirée ou recueillie dans un seau de toile est battue pendant une minute. Deux minutes suffisent pour laisser à l'eau le temps de déposer ses impuretés et devenir aussi claire que du cristal de roche. Un brin de paille servant de chalumeau, ou un petit tuyau de caoutchouc faisant siphon, permet de décanter et de recueillir le liquide pur dans un autre récipient. L'opération dure en tout : une minute pour fabriquer le bâton, une pour battre l'eau, deux pour laisser déposer, deux pour décanter ; total : six minutes.

Six minutes bien employées, six minutes de soins hygiéniques qui empêchent souvent six mois de dysenterie et toujours la mort.

Je me suis toujours demandé pourquoi pareil emploi n'était pas plus vulgarisé aux colonies, et même aux manœuvres, où le troupier, n'écoutant que les tiraillements et les cris de son estomac, se précipite sur n'importe quel bourbier pour y satisfaire son désir et y apaiser sa soif.

17 Septembre.

Il ne reste plus à Porto-Novo que quelques hommes d'infanterie, quelques tirailleurs haoussas et toute la cavalerie. Celle-ci n'a pas encore reçu l'ordre de rejoindre le gros de la colonne qui vient de finir sa concentration à Dogba.

Le commandant Villiers, parti depuis vingt-quatre heures à bord de la canonnière l'*Opale* avec l'ami Ladey, n'est pas encore rentré.

Le capitaine de Fitz-James a pris le commandement de la cavalerie. Le repos complet est accordé aux troupes pour la journée du dimanche.

Avec Ceisson, nous projetons d'aller rendre une visite au roi Toffa ; malgré les ordres sévères de la place qui défendent de déranger « l'ami de la France, » nous nous dirigeons sur Porto-Novo. Ceisson, qui a déjà fait plusieurs visites à la capitale du royaume de Toffa, me sert de cicérone. Nous savions le commandant d'armes parti de la veille pour Kotonou ; nous ne risquions rien, et après tout, « pas vus, pas pris, » était le refrain de la cavalerie.

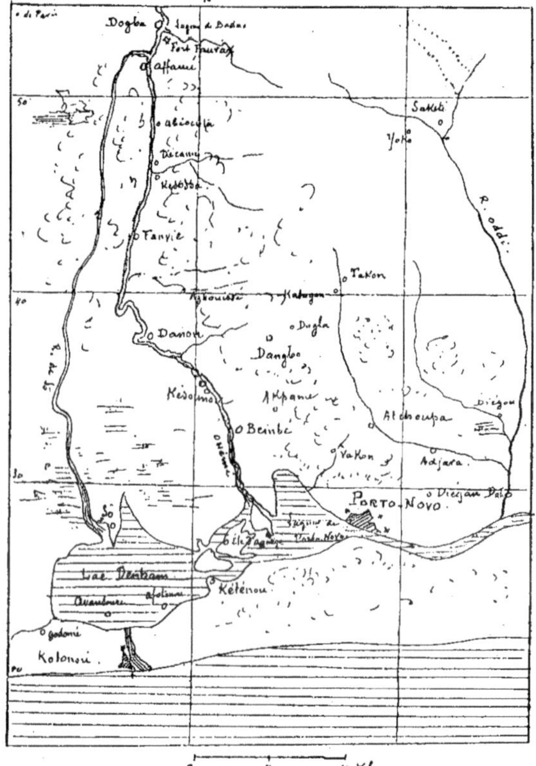

Carte du royaume de Porto-Novo.

Porto-Novo, arrosée au sud par la lagune, est défendue au nord, à deux kilomètres des murs, par une forêt de palmiers d'une profondeur de quinze à vingt kilomètres

L'enceinte, comme la plupart des maisons européennes, est construite de blocs de glaise séchés au soleil, de 1 mètre de longueur sur 0^m,50 de hauteur et 0^m,40 d'épaisseur. A deux cents mètres des murs, des ouvrages de défense, de petits fortins, armés de canons revolvers, sont reliés entre eux par une longue ligne de tacos, de trous de loups, de fougasses et de ronces artificielles.

Porto-Novo, séjour du roi Toffa, présente deux physionomies bien différentes l'une de l'autre. A l'ouest, la ville européenne avec les factoreries Régis, Faber et Konigsdorfer, l'hôpital, l'hôtel du commandant supérieur, le trésor, la résidence, les missions, les services administratifs, etc. A l'est, la ville noire, le camp des gardes civils, les palais du roi Toffa.

La ville européenne commence à s'approprier : on construit des maisons ayant une tournure élégante et propres aux services qu'on doit y installer ; les rues s'alignent petit à petit, mais le nivellement, hélas ! est loin d'être parfait ; trous, bosses, ornières, ruisseaux, attendent patiemment des jours meilleurs.

La ville nègre, telle que j'aime à la voir dans toute sa laideur, m'a laissé un souvenir ineffaçable.

La ville européenne peut prendre le nom de ville chrétienne avec ses missions, ses églises, ses écoles ; la ville noire, celui de ville païenne, avec ses cases à fétiches, ses dieux grotesques, ses idoles ignobles.

Je traverse, sous la direction de Ceisson, la première ville, sans m'y arrêter, devant y revenir plus tard faire des emplettes et saluer les Pères blancs.

Arrivés à la place Jean Bayol, nous descendons la rue de France, c'est le point terminus de la civilisation.

Perdus dans un dédale de cases entourées de palmiers, de bananiers immenses, dont les larges feuilles nous cachent les horreurs de ce peuple déguenillé, nous apercevons, grouillant au milieu d'immondices, de détritus, de pourceaux, de poules, de squelettes d'animaux, un groupe d'enfants.

Un petit noir, se détachant du groupe, vint à nous et d'un petit air futé nous dit en bon français : « Bonjou, soldats, » puis, tendant la main, réclama « un tit sou. »

Ne parvenant pas à sortir de ce labyrinthe, où les odeurs les plus nauséabondes venaient nous chatouiller désagréablement les papilles nasales, je pensai que l'offre d'une bonne récompense déciderait le petit noir à nous conduire chez le roi Toffa. Je fis briller devant ses yeux ébaubis une petite pièce blanche et lui demandai : « Roi Toffa. » Il comprit, courut devant nous et pendant cinq minutes, le front ruisselant, nous eûmes peine à le suivre.

S'arrêtant net : « C'est ici, nous dit-il. »

Figurez-vous une ferme délabrée, mal tenue, ou quelque maison usinière, abandonnée, rendez-vous des coureurs de route, des coupeurs de gorge, vous aurez une idée de l'habitation royale.

Une porte massive, faite de gros madriers mal équarris, mal assemblés et vermoulus, en ferme l'accès aux importuns.

Un marteau énorme, représentant un horrible fétiche à figure grimaçante, au ventre rebondi, orne le milieu de ce panneau. Des deux mains, je le soulève et le laisse retomber trois fois, faisant un bruit sourd qui va, se répercutant de cour en cour, jusqu'au logement du concierge.

Un grand noir, à figure patibulaire, à l'œil sournois, enroulé d'un vaste burnous de velours vert, vient nous ouvrir. Voyant l'uniforme français, il ne nous est point nécessaire de lui soumettre notre requête.

Après force salamalecks et nombreuses salutations, il nous introduit dans une première cour immense, absolument déserte, où le soir quelques gardes civils viennent veiller à la sûreté de leur souverain. Une deuxième porte s'ouvre, celle-ci est garnie d'animaux grossièrement sculptés en plein bois, représentant des lézards, des porcs, des chèvres, des éléphants, des serpents.

Cette fois, l'aspect change : une quinzaine de prisonniers noirs, accroupis sur le sol, enchaînés deux à deux à une perche fichée en terre, nous regardent passer en roulant des yeux féroces.

Ils nous inspirent la pitié, leurs torses nus sont couverts de plaies et de cicatrices, leurs membres grêles ont peine à les soutenir, ils ressemblent à des momies.

— Qu'ont-ils fait ? demandai-je à notre introducteur.

— Ce sont des Dahoméens, pris les armes à la main, dans le Dékamé. Le colonel Dodds les a envoyés ici pour les interroger.

— Ont-ils parlé et donné des renseignements utiles ?

— Non, ils ne veulent rien dire et ne diront rien. Les Dahoméens ne parlent jamais lorsqu'ils sont prisonniers.

Nous entrons enfin dans les appartements particuliers du roi Toffa.

La première pièce, assez spacieuse, n'offre rien de particulier : les murs, blanchis à la chaux, sont dépourvus d'ornements ; seul, dans un coin, se tient un homme de

la maison du roi, espèce de géant drapé dans un pagne
blanc, serré aux reins par un large ceinturon de cuir
rouge auquel est suspendue une longue rapière. Une portière épaisse, bien drapée et retenue par une grosse torsade
en or, nous empêche de voir la seconde pièce.

C'est la salle du trône, c'est là que le roi de Porto-Novo
donne ses audiences et reçoit ses visiteurs.

Le Toffani qui nous a reçus à la porte nous laisse un
instant seuls.

— Je vais prévenir le roi, nous dit-il.

Il baisse la portière derrière lui. Le fantôme noir,
factionnaire de la première salle, enroulé dans son pagne
blanc, s'avance jusqu'à nous en ondulant et roulant sur
ses hanches, absolument comme une marionnette qu'on
a mise en mouvement. Il tire du fourreau une longue
rapière dont les scintillements me font loucher. Immo-
bile comme un bronze antique, il porte le sabre à
l'épaule.

J'aurais bien voulu jeter un coup d'œil indiscret de
l'autre côté de ce rideau, mais le regard du factionnaire
me cloue à ma place.

Dix minutes s'écoulent, pendant lesquelles toutes sortes
de choses macabres me passent par la tête.

— Vois-tu, dis-je à Ceisson, que cet hercule nous
assomme pour goûter un peu de viande blanche, ou que
Toffa nous retienne pour nous faire subir une torture
quelconque.

Cela nous fit bien rire ; quand un froufrou d'étoffes, un
cliquetis d'armes, se firent entendre à côté :

— C'est ça, me dit Ceisson, ils aiguisent leurs couteaux
et mettent la table.

— Sa Majesté le roi Toffa attend ces Messieurs, nous dit notre cicérone, d'une voix gutturale.

Je restai ébahi devant le spectacle qui brusquement se déroulait devant mes yeux. Toutes les richesses de la flore tropicale étaient réunies dans cette grande salle, aux baies énormes qui envoyaient une lumière éclatante sur toutes ces plantes superbes et géantes. Jamais en France, même en Algérie, chez les grands chefs arabes où j'avais autrefois été reçu, je n'avais vu un luxe aussi grand des richesses de la nature et un déploiement aussi considérable d'étoffes multicolores.

Le grand hall, qu'on appelle pompeusement la salle du trône, est, dans son genre nouveau pour moi, tout à fait féerique.

Pendus aux murs, des étoffes aux couleurs chatoyantes, des soieries, des tapis, des freschias, des portières, des armes de toutes sortes : lances, javelots, poignards, flèches, arcs, couteaux, coupe-coupe, casse-tête, haches, sabres, fusils, rangés avec un goût parisien, disent l'histoire de ce pays.

Au fond de la salle, sous un dôme de verdure, palmiers géants aux têtes menaçantes, bananiers aux larges feuilles, se dresse sur une estrade à trois marches, garnie d'un superbe tapis d'Orient, un trône sculpté et doré.

Toffa, grand vieillard, au visage fin, à l'œil expressif et brillant, correctement vêtu à l'européenne, avec une culotte en satin nankin, des bas de soie, des escarpins vernis à boucles d'argent, une jaquette dernier cri, laissant voir un gilet d'un blanc immaculé, sur lequel se détachait encore une chemise à jabot brodé, coiffé d'une

casquette d'officier de marine aux feuilles de chêne
en or, était assis entouré de ses ministres, de sa garde
d'honneur et d'une vingtaine d'amazones en costume de
guerre.

Le roi Toffa nous sourit aimablement lorsqu'on nous
introduisit, sa garde d'honneur nous présenta les armes et
les grands dignitaires du royaume se levèrent.

Je m'approchai avec Ceisson et, à haute voix, je dis au
roi Toffa :

— Sire, malgré la défense qui nous a été faite, nous
n'avons point voulu monter combattre les ennemis de la
France et vos cruels adversaires sans être venus vous
saluer.

Toffa descendit nous serrer la main à tous deux et nous
demanda comment nous trouvions le pays.

— Superbe, Sire, mais la France est encore plus belle,
dit Ceisson.

— Je le sais, répondit Toffa, et j'espère bien y faire
un petit voyage, si ma santé me le permet, après la
campagne, car vous serez vainqueurs, j'en ai la ferme
conviction.

Près du trône et derrière les amazones une petite table
était dressée; sur un plateau d'argent, trois flûtes et une
bouteille de champagne attendaient. Le roi nous fit signe
de le suivre, et nous offrant à chacun un verre de champagne, nous bûmes à la France, au royaume de Porto-
Novo, au colonel Dodds et aux succès des troupes françaises.

Remerciant chaleureusement le roi de son bon accueil,
nous nous retirons enchantés de notre visite.

Nous nous gardâmes bien de raconter l'emploi de cette partie de notre matinée.

Le petit négrillon assis sur le seuil du palais attendait notre sortie ; il nous guida jusqu'à l'église de la mission où une grand'messe chantée pour le succès de nos armes devait nous trouver tous réunis.

La petite cloche de la chapelle appelait les fidèles. De tous les coins nous voyons arriver officiers, soldats, hommes, femmes, enfants. Les casques blancs dominent la foule, les uniformes rouges de spahis tranchent sur le blanc des vêtements indigènes, les femmes sont nombreuses, presque toutes en toilettes européennes à la mode d'il y a vingt ans.

La chapelle, toute simple, est vaste ; la travée de droite réservée aux officiers et à la troupe est comble, beaucoup restent à la porte et dans le recueillement le plus grand assistent au service divin. La travée de gauche est comble aussi. Au premier plan, les jeunes fillettes en petites toilettes de mousselines imprimées, les mamans en toilettes plus sévères viennent ensuite, et enfin les sujets du roi Toffa, tous en coutil ou piqué blanc. Les orgues tenues par l'instituteur font entendre leurs plus beaux accords, et la messe est chantée par les enfants des écoles avec un réel talent musical.

Comme à Dakar, les noirs nous donnaient une leçon et nous faisaient voir que la colonisation chrétienne n'était pas un vain mot.

Les Pères blancs, avec un dévouement si désintéressé, s'occupent de tout ce peuple noir, et tout en leur inculquant les principes de la religion catholique, leur apprennent à aimer la mère-patrie et à respecter ses enfants.

A la sortie de la messe, un superbe bouquet, composé avec art de fleurs et de plantes des tropiques, est offert au capitaine de Fitz-James par une charmante petite fille toffani qu'il embrasse avec effusion.

— Ce sont tous les soldats d'ici et ceux de France qui m'ont dit de t'embrasser, lui dit-il profondément ému.

L'enfant lui répond :

— Tu leur diras que je les aime bien tous moi et que je leur souhaite bonne chance et bonne santé.

Le Père Supérieur de la mission nous reçoit ensuite avec beaucoup de bonté, nous entretient sur le pays, ses mœurs, ses coutumes et l'hygiène à suivre.

— Je suis ici depuis quatorze ans, et je puis dire que jamais je n'ai été gravement souffrant ; un peu de fatigue parfois, c'est tout.

En nous rendant au camp des Amazones où notre déjeuner nous attendait, nous entrâmes chez un mercantil pour acheter un briquet et de l'amadou, ma provision d'allumettes étant mise complètement hors de service par l'humidité.

CHAPITRE IV

Sur l'Ouémé.

18 Septembre.

Le temps était lourd, la chaleur accablante ; enfermé sous ma moustiquaire, une bonne sieste de trois heures me remit ; à quatre heures, je me prélassais encore sur mon lit, fumant une cigarette et regardant les volutes bleues de la fumée, quand une sonnerie bruyante m'arracha les oreilles. Le trompette de service sonnait les quatre appels.

Que pouvait-il bien y avoir de nouveau ?

Je m'habillai au galop, sautant sur mon sabre, je me rendis sur la place d'armes du camp.

« De suite réunissez vos hommes, faites faire les paquetages, emportez tout, nous quittons Porto-Novo à cinq heures. »

Enfin nous allions entrer définitivement en campagne, nous allions rejoindre la colonne, revoir nos camarades, nos compagnons d'armes, partager leurs émotions et leurs fatigues.

A cinq heures, hommes, chevaux, tout était prêt et dans le plus parfait état, « pas un bouton de guêtre » ne manquait, je vous l'affirme.

Mon peloton s'embarqua sur les plates-formes qui nous avaient amenés de Kotonou, et nous recommençâmes

notre marche en avant par voie d'eau, toujours à la perche
et guidés par les piroguiers qui, cette fois, étaient accompagnés d'un garde-civil armé, et responsable.

Pendant cinq heures le paysage des jours précédents se
déroula devant nous ; le fleuve, plus resserré au nord de
Porto-Novo, plus encaissé, aux eaux profondes, au
courant très rapide, était très difficile à remonter.

A une vingtaine de kilomètres de Porto-Novo, par une
nuit absolument noire, nous accostions l'île d'Aguégué.
Le débarquement s'opérait immédiatement : deux pelotons
seulement, avec le commandant Villiers et le capitaine
de Fitz-James, avaient pu occuper les plates-formes qui se
trouvaient dans la lagune. Notre matériel de transport
repartait de suite pour amener le lendemain matin les
deux autres pelotons commandés par MM. de Tavernost
et Legrand.

Quinze mètres nous séparaient de la berge, là nous ins-
tallions le bivouac ; les cordes d'attache étaient de suite
placées et les chevaux entravés ; un peu de foin et une
poignée d'orge les distrayaient pendant la nuit. Quant à
nous, cassant un biscuit et défonçant une boîte d'endau-
bage que je partageais avec mes hommes, nous prenions
un tantinet de nourriture.

Baba-Ba, pendant ce temps-là, me ramassait quelques
grandes herbes sèches et me faisait un lit. C'était bien
inutile ; une myriade de moustiques et de maringouins
commençaient une musique infernale autour de nous,
nous disputant les quelques heures de repos que nous
désirions prendre. Aussi de grand matin étais-je debout,
et avec trois hommes je me mettais en quête de nourriture.

L'île est habitée; à huit cents mètres, derrière un rideau
d'arbres et brousse, quelques toits de cases apparaissent ;
nous nous dirigeons rapidement de ce côté. Les habitants
de l'île m'ont aperçu et l'un d'eux se dirige de mon côté, un
petit drapeau tricolore à la main : c'était le chef du village.

« — Moi Tofani, bon Français, » me dit-il.

« — Peux-tu nous trouver à manger ? »

Il me regarda d'un air hébété, n'ayant pas l'air très
rassuré. Alors je me mis à lui faire comprendre par signes
ce que je voulais, je me livrai à une mimique des plus
drôles. Aux colonies la volaille ne manque jamais ; là,
comme partout ailleurs, il devait y avoir des poules et
des œufs. Traçant sur le sol de petits ovales, je gloussai
comme la poule et grattai le sol avec les mains chassant
le sable en arrière.

« Hé ! hé ! hé ! » et ce disant il inclinait la tête affirma-
tivement.

Nous entrons dans le village où enfants et animaux
domestiques prenaient leurs ébats. Je traitai avec plusieurs
femmes, auxquelles le chef avait dit quelques mots.
J'achetai plusieurs douzaines d'œufs et quelques poules ;
mais une autre difficulté m'attendait : c'était le paiement ;
je n'avais sur moi que de l'argent en pièces de cinq francs,
j'en montrai une, croyant être très large et très conciliant en affaires. Les femmes poussèrent de petits cris et
voulurent reprendre leur marchandise ; j'étais trop heureux de pouvoir rapporter au camp un supplément au
cornebiff et au biscuit et de garnir le garde-manger ; je
m'exécutai donc en tirant une deuxième pièce de cent
sous. Non, décidément ce n'était pas ce qu'on voulait et
ma monnaie ne devait pas avoir cours.

Un des hommes que j'avais amené aperçoit un sac rempli de cauries, il en prend une poignée et me les apporte ; immédiatement ce sont des sauts et des cris de joie de la part des femmes et des hommes. Comment faire, je n'avais point de cette monnaie courante, mais je crus saisir ce que désiraient ces imbéciles noirs, la quantité plutôt que la qualité. Je dépêchai un homme au camp chercher de la monnaie de billon ; il revint au bout d'un quart d'heure, m'apportant tout ce qu'il avait trouvé, trente sous. Je fis sauter dans mon casque ce bronze, faisant le plus de bruit possible.

Les noirs étaient ravis ; j'en fis la distribution, et pour un franc cinquante j'eus ce qu'ils m'avaient refusé pour dix.

Je continuai mes investigations dans le village, et sur la face opposée à celle que nous occupions, un troupeau de bœufs paissait tranquillement. La race bovine sur la côte occidentale ne donne que des produits minuscules ; le plus beau bœuf ne fournit pas plus de soixante kilos de bonne viande et vaut environ cinquante francs.

Je fis chercher le chef du village et lui montrai la plus belle bête du troupeau, lui indiquant que je la désirais. Il essaya de la saisir, mais vivant à l'état sauvage, ces animaux ne se laissent pas prendre facilement. Pendant une heure mes hommes lui firent la chasse sans arriver à mettre la main dessus. J'allai chercher une carabine et d'une balle lui cassai une jambe. L'animal, arrêté net, fut ligoté solidement et amené en grande pompe.

Samba-Nor, le boucher de l'escadron, prit possession de la bête, et dans la matinée la tua à la mode musulmane. Les quatre membres entravés, le pseudo-bœuf fut jeté à terre ; Samba-Nor s'assit sur la tête, tandis que des aides

de bonne volonté tenaient les pattes. Tout à coup la
lame d'un énorme coutelas brilla et la gorge présenta un

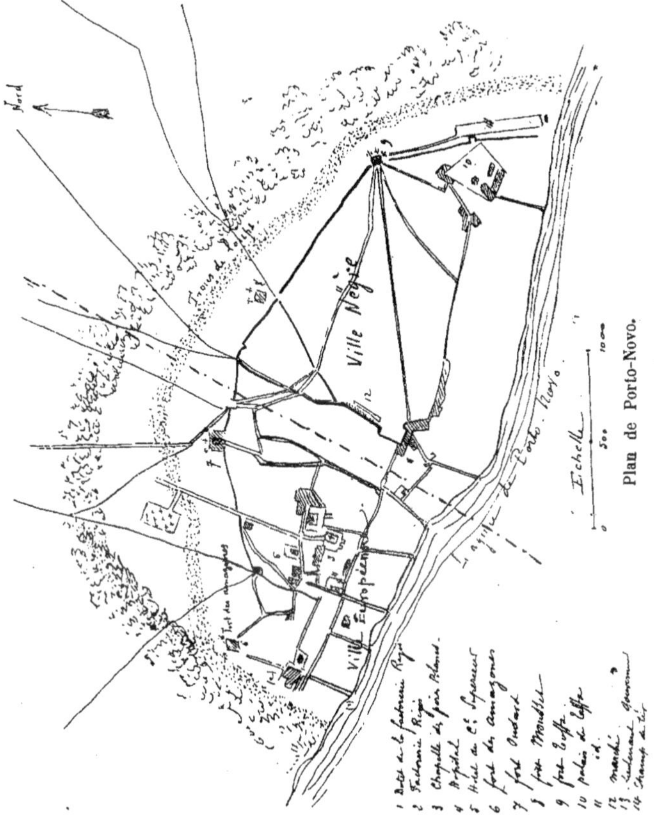

trou béant d'où le sang s'élança, inondant le visage de
l'exécuteur des hautes-œuvres de boucherie. A coups de
hache et de sabre on débita les membres encore pantelants.

Les filets furent réservés aux officiers et le reste distribué à la troupe.

Ce soir le camp est en fête ; car, si chez les populations musulmanes les préceptes hygiéniques du Prophète en ce qui concerne les boissons fermentées sont rigoureusement observés, tuer un bœuf prend tout de suite les proportions d'une orgie.

La peau séchée au soleil a été mise de côté et doit servir durant la campagne à faire des réparations aux chaussures.

Assis sous un immense bentanier, nous dégustions nos œufs et nous allions entamer un superbe quartier de bœuf rôti sur la braise, quand un sifflement aigu accompagné du ronronnement de la sirène nous fait regarder du côté du fleuve.

— Les canonnières qui viennent nous chercher ! dit un officier.

Hélas ! non, c'était le pauvre commandant Faurax, blessé mortellement, qu'on transportait à Porto-Novo.

Pendant que nous étions bien tranquilles à Aguégué, Dogba avait été attaqué et l'on s'était battu avec acharnement des deux côtés. Nous avions eu beaucoup de blessés et plusieurs morts à déplorer. L'ennemi avait laissé nombre de cadavres sur le champ de bataille.

L'*Opale*, canonnière à roue, à bord de laquelle se trouvait le commandant Faurax moribond, continua sa route ainsi que la *Topaze*. Quant au *Corail*, il remorqua de suite les plates-formes sur lesquelles se trouvait le peloton de M. de Tavernost qui venait d'arriver. Les chevaux de ce peloton n'étant pas encore débarqués, on en profita pour les expédier les premiers sur Dogba.

20 Septembre.

La soirée du 18 s'est passée en commentaires de toutes sortes, chacun contait ce qu'il avait appris par les matelots du bord, et de toutes brides de racontars on forgea une histoire des plus invraisemblables sur l'attaque de Dogba, sur le nombre des victimes, sur les faits d'armes isolés. Nos armes sont victorieuses, c'est l'essentiel, mais la victoire nous coûte cher.

Dans la journée du 19, nos spahis s'étaient fabriqué des abris, le bivouac présentait un coup d'œil des plus pittoresques. Un groupe de bentaniers et de baobabs immenses, aux branches enchevêtrées formant voûte, grand hall naturel, ne laissait pas percer le moindre coin de la voûte azurée; les chevaux, entravés à la corde, formaient les quatre faces du carré; au centre les tentes des officiers, celles des sous-officiers et les abris des hommes.

Au coup de sifflet, vers sept heures et demie, toutes les lumières furent éteintes et chacun alla s'étendre sur son lit de feuilles et d'herbes sèches. De l'abri voisin du mien, part un cri strident et au même instant, affolés, cinq ou six Européens sortent, les yeux hagards, les cheveux hérissés, le visage pâle, les tempes humides.

« Un serpent, un serpent! »

Armés de bâtons, de sabres, de carabines, les Sénégalais se précipitent, frappant à qui mieux mieux sur les herbes qu'un énorme serpent noir foulait.

Brrr... je songe encore à l'impression produite par ce reptile, impression qui, en me couchant, me revient et m'oblige à remuer ma litière avant de me reposer.

De Murat, brigadier, avait été mordu au pouce et au

poignet. M. Schlameur, vétérinaire, lui fit une ligature très serrée au coude et le cautérisa immédiatement avec de l'alcali et de l'acide phénique pris dans ma petite pharmacie, puis il alla reconnaître l'espèce du serpent, qui gisait à quelques mètres de l'abri, la tête fracassée d'un coup de crosse de carabine. L'animal était un serpent d'espèce non venimeuse. Les noirs se partagèrent la dépouille du reptile.

Aujourd'hui, faisant un tour aux cuisines, je n'ai pas été surpris de voir mijoter dans les marmites de campement, le serpent tué hier. J'en ai sûrement mangé, sans m'en douter.

24 Septembre.

Le 21 septembre, bien avant le signal du réveil, un petit bruit, plac, plac, plac, m'intrigua. Etait-ce quelque serpent maudit, qui cherchait à pénétrer dans notre *buen retiro* ou quelque animal malfaisant ? Je soulevai la toile de tente qui fermait l'issue, mais vivement je rentrai : l'eau dégouttait abondamment et avait rendu le sol boueux.

Comment se faisait-il qu'il pleuvait ? On m'avait assuré quelques jours auparavant que nous étions dans la saison sèche, et que pas avant trois semaines, un mois, nous n'aurions d'eau.

Au réveil, je me rendis compte qu'un brouillard intense s'élevait au-dessus du fleuve, brouillard qui, retombant sur la voûte de verdure que nous avions au-dessus de nous et se posant sur les feuilles et les branches des arbres, se transformait en pluie.

Maintenant Aguégué est bien loin derrière nous, au

Késonou.

sud : depuis trois jours, nous avons fait de fortes étapes par eau et par terre, et sommes arrivés enfin sur le territoire du Dahomey.

Le 21, au matin, nous quittions l'île, où pendant quarante-huit heures, patiemment, nous avions attendu les remorqueurs. La canonnière la *Topaze* s'attela à quatre plates-formes et remonta l'Ouémé. Nous marchions très lentement et avec beaucoup de précautions, les eaux du fleuve étant très basses et les bancs de sable fréquents.

A Késonou, trente kilomètres au nord de Porto-Novo, nous stoppons : un brigadier et quatre hommes nous rejoignent.

Détachés le lendemain de leur arrivée à Porto-Novo, pour servir d'escorte à M. Vilarem, chargé de l'installation du télégraphe, ils étaient arrivés au poste de Késonou par voie de terre, passant à Avipa, Abodjeda, Djeba, Akpamé, traversant des forêts vierges et installant au fur et à mesure la ligne télégraphique, devant relier la colonne à Kotonou.

Bia, mon ancien ordonnance au 1er spahis, faisait partie de ce groupe. Garçon très débrouillard, je l'avais indiqué à M. Vilarem. Cuisinier, ordonnance, trompette, terrassier et même télégraphiste, Bia était outre cela le gamin de Paris, insouciant, dur à la fatigue, le cœur sur la main ; riant et chantant du matin au soir, il ramenait la gaîté aux heures de fatigue et d'ennui.

Tout ce petit groupe installé à bord, nous reprenions notre marche, qui ne devait plus être interrompue avant Kessossa, à dix kilomètres sud de Dogba. Cependant, devant Ouédé, un accident de machine, un arbre de piston brisé, nous força à stopper. Le commandant Villiers demanda le youyou et avec un noir alla à la berge.

10

C'était le premier village que nous trouvions habité sur
les rives du fleuve depuis Aguégué. Partout, la solitude,
les cases abandonnées et à moitié détruites. Nous vîmes
en passant Bembé, Danou, Goko, Gambau, Fanvié sur la
rive gauche et Affabodji, Késonou, Kétin, Dakou, Don-
goli sur la rive droite, complètement abandonnés. A
Ouédé, après le passage de la colonne, la population
commençait à revenir et à reprendre ses occupations.

Voyant le youyou du commandant se diriger sur le
village, hommes, femmes et enfants poussèrent de
grands cris, agitant les bras, dansant et sautant ; en
quelques secondes, un troupeau de noirs à l'air plutôt
menaçant, garnit la rive gauche. Le commandant Villiers,
avec le calme dont il ne se départait jamais, leur faisait
avec un mouchoir blanc, volant au-dessus de sa tête, des
signaux d'amitié. Un grand noir, complètement nu, les
cheveux très crépus et grisonnant aux tempes, un rameau
à la main, s'avança vers le commandant et levant les bras
au ciel, exécuta les assouplissements les plus compli-
qués, en poussant des cris inarticulés. Le commandant
avait dans ses poches quelques biscuits, dont il fit la distribution, tout en serrant les mains à droite et à gauche et
caressant les enfants. Ces démonstrations encouragèrent
peu à peu ces gens, habitués à être traités en bêtes de
somme, aussi les gages d'amitié furent une preuve de
leur bonne foi ; pigeons, poissons, fruits furent apportés
dans le youyou et permirent de varier un peu le menu de
la table du commandant.

Un coup de sifflet prolongé rappela tout le monde à
son poste et le commandant Villiers se mit en devoir de
réintégrer la canonnière.

CHAPITRE V

Kessossa, Dogba.

Une heure plus tard, nous abordions à Kessossa où M. de Tavernost et le maréchal des logis Tranquart, arrivés de la veille, avaient été obligés de camper. Revenant vers le sud, Dogba étant encore tout bouleversé de l'attaque du 18, et le camp trop restreint pour abriter d'une façon efficace la cavalerie, celle-ci avait été obligée de rester en arrière des lignes attendant des ordres du commandement.

A deux cents mètres de la rive, sur un terrain légèrement en pente, était installé le peloton du lieutenant de Tavernost. Les hautes herbes foulées sur une surface de deux hectares environ, attendaient l'installation complète du camp. A l'est, la forêt de palmiers laissait un champ de tir de six cents mètres entre elle et le bivouac.

Le débarquement ne fut pas chose aisée, les berges fortement ravinées ne permettaient point aux plates-formes d'aborder sans graves avaries, environ trois mètres les séparaient du sol ferme. Pour des gens habitués à se passer du nécessaire en cas d'imprévu, pareil obstacle ne devait pas nous arrêter longtemps. Quelques coups de hache et de coupe-coupe abattirent bientôt arbres et lianes ; les fagots furent vite faits et roulés ainsi que d'énormes troncs dans le trou béant ; le tout, couvert d'herbes et de terre, fit une sorte de pont, ce fut l'affaire de trente minutes. La berge abattue en plan incliné permit aux chevaux et mulets d'arriver de plein pied.

En un clin d'œil, le bivouac en carré est installé, un peloton sur chaque face, les chevaux à l'entrave. Les tentes des officiers au centre, les abris des hommes derrière les chevaux et à l'intérieur du carré.

Baba-Ba, mon ordonnance sénégalais, ce soir-là, s'est surpassé ; il trouve qu'une case est plus pratique qu'une tente : quatre piquets de 2 mètres, terminés en fourche, sont rapidement plantés en carré à 2^m,50 les uns des autres, reliés entre eux par de longues perchés ; la charpente de mon abri est vite construite, d'immenses feuilles de palmier jetées sur le dessus en forment la toiture, et les côtés construits de même forment une espèce de canevas largement tressé et brodé d'épais feuillages. La case parfaitement fermée lui a demandé une demi-heure de travail. Le sol, quoique en pente, est légèrement humide. Baba-Ba préfère ne pas installer mon lit à terre. Deux grandes toiles de tente cousues ensemble forment un hamac que mon brave noir suspend à la toiture par un système ingénieux de ligatures.

Tout allait pour le mieux ; contents et joyeux, nous étions tous à la pensée que, dans quelques heures, nous allions faire enfin campagne pour tout de bon.

De repos cette nuit du 21 au 22 septembre, il n'en fut point question pour moi ; désigné pour faire des rondes aux avant-postes et surveiller le cordon de sentinelles placées à une certaine distance du bivouac, je dus toute la nuit rester sur le « qui-vive. »

Le 22, repos complet, j'en profitai pour faire une sieste prolongée, oubliant même l'heure du repas.

De Kessossa nous entendons le canon gronder, cette fois ce n'est pas la bataille, c'est l'anniversaire du centenaire de la Révolution, les troupes sont en liesse, les vivres, la ration de tafia et de vin sont doublés. Les noirs, engagés comme porteurs, sont aussi de la fête, l'administration leur donne un supplément de riz et de la viande.

« Fête nationale, revue des troupes, champagne chez le colonel après dîner, écrit M. d'Albéca. Les clairons, les tambours et fifres de la légion, conduits par le caporal tambour-major (qui avait sa canne), jouent des airs variés, la *Retraite de Crimée*, le *Père la Victoire*, la *Charge* et la *Marche* : Tiens, voilà du boudin ! voilà du boudin ! L'*Opale* tire des salves d'artillerie et lance des projections électriques sous un beau ciel étoilé. Les fusées lumineuses effrayent les lucioles et les chauves-souris. Peu à peu le silence se fait, on se couche sur des feuilles sèches qui laissent passer des puces, des chiques, des rats et des fourmis-cadavres, pendant que l'obscurité est traversée par le cri macabre des hyènes qui achèvent les Dahoméens tombés au-delà des lignes, par le coassement des grenouilles de l'Ouémé et par les chants des grillons dans la forêt (1). »

Le 23, au matin, je prends la direction de l'avant-garde avec mon peloton, ayant comme itinéraire Kessossa, Dogba direction nord, suivant un sentier tracé en pleine forêt par nos sapeurs du génie et la légion étrangère. C'est la route par laquelle est passée la colonne

____

(1) *Au Dahomey*, par M. Alex. D'ALBÉCA.

après sa concentration à Kessossa, venant du Dékamé.
A onze heures, nous traversions le bivouac de Dogba,
théâtre des combats acharnés du 19, et prenions quelque
repos sur le bord du fleuve, à cinq cents mètres au-dessous
du camp.

Le camp de Dogba, par sa situation superbe, semblait
à l'abri d'une attaque. Installé sur une colline à pentes
très raides du côté de la forêt, défendu à l'ouest par
les canonnières, il était peu probable que l'ennemi,
à découvert de tous les côtés, se jetât sur la colonne sans
subir de fortes pertes.

Il devait en être autrement, et la journée du 19 doit
être inscrite en lettres de sang sur le livre d'or de la
colonne, car si elle a enregistré une victoire, elle a eu
aussi à pleurer la mort d'un de ses illustres enfants : le
commandant Faurax.

Ces quelques lignes, écrites par M. Gilbert-Cussac,
montrent bien quel homme était le commandant de la
légion, et aussi quels furent la promptitude de l'attaque
et l'acharnement avec lequel ces sauvages Dahoméens
combattaient :

« M. Ballot, averti par ses émissaires d'une marche de
nuit de l'armée dahoméenne, fit prévenir le colonel
Dodds que le campement serait attaqué la nuit. Le camp
était adossé à un bouquet d'arbres très touffus. Jusqu'à
quatre heures du matin, on se tint prêt à repousser l'attaque. A cinq heures, au moment où le jour paraissait et
où la colonne s'apprêtait à lever le camp pour se mettre
en marche, à la dernière note de la diane, retentit une
fusillade extrêmement nourrie, partant de moins de cent
mètres. Les soldats dahoméens s'étaient glissés en ram-

pant dans les broussailles et attaquaient à l'improviste.

Les légionnaires et l'infanterie de marine se trouvaient sur la face attaquée, ils ripostèrent immédiatement.

Le commandant Faurax était en train de se laver lorsqu'il entendit la fusillade. De suite il cria : « Aux armes ! » mais les Dahoméens pénétraient dans le camp, sans avoir pu être arrêtés par les sentinelles. Son ordonnance lui tendit son revolver qu'il ne prit pas. Il s'élança alors sans képi, en souliers, sans jambières, déploya ses hommes, posta chacun à sa place de bataille, toujours courant, toujours en évidence, et exposé, à cause de ses galons, aux tireurs spéciaux de l'ennemi chargés de viser les chefs.

Sous la pluie des balles qui sillonnaient le camp en tous sens, le commandant, par son calme, ses ordres si nets et sa présence d'esprit, avait empêché la panique de se produire et rétabli l'ordre parmi les soldats. A cinq heures dix minutes, il était près du capitaine Drude et vérifiait ses positions. Il dit au capitaine : « Prenez cent hommes avec vous et suivez-moi ; la compagnie Jouvelet vient de souffrir énormément. » En effet, les morts et les blessés jonchaient le sol.

Il fit arrêter ce renfort près de l'ambulance, et il se porta en avant pour savoir où il devait se lancer et balayer les sauvages Dahoméens, qui, dissimulés dans les fourrés ou dans les branches des arbres, tiraient sur les officiers et avaient criblé la tente du colonel Dodds. Au moment où les clairons sonnèrent la charge, le commandant Faurax enleva ses hommes en criant : « En avant, mes enfants ! » Il fit charger trois fois à la baïonnette, mais à la deuxième charge il s'affaissa lourdement, frappé au côté par une balle qui traversa la poche de sa veste, les papiers et les livrets de service qu'elle contenait, et pénétra dans le flanc gauche.

Le capitaine Drude courut à lui. Faurax lui dit : « Je suis perdu, mon petit, cela me connaît. » Deux capitaines l'avaient ramassé, et, sous le feu de l'ennemi, les légionnaires portèrent les armes à leur chef qu'on emportait à l'ambulance. Le premier mot qu'il prononça en apercevant l'aumônier, l'abbé Vathelet, fut : « Ah ! mon cher abbé, je suis bien touché ; je crois que les intestins sont perforés. » Après un examen sérieux, le médecin en chef décida de l'évacuer sur Porto-Novo, à bord de la canonnière *l'Opale*.

A dix heures du matin, la déroute des Dahoméens était complète. Les fuyards ne purent se rallier que deux jours après. On sut le lendemain qu'on avait eu affaire à l'élite des troupes dahoméennes. Et sans l'audace, le sang-froid et l'habileté des dispositions prises par le commandant Faurax, la France aurait eu à pleurer le désastre de Dogba. Aussi, pour bien montrer que tout l'honneur de la journée revenait au chef de la légion, le colonel Dodds n'a pas hésité à baptiser du nom de Faurax le fort construit sur l'emplacement du combat.

Vers deux heures, la figure du blessé avait pâli ; l'abbé Vathelet, convaincu que la péritonite allait se déclarer, prévint par lettre les Pères des Missions de Porto-Novo de donner au commandant, dès son arrivée, les suprêmes consolations, ce qui fut exécuté.

Le départ fut déchirant. Les légionnaires escortèrent leur commandant jusqu'à la canonnière et pleuraient en lui portant les armes. Le colonel Dodds vint le saluer et l'embrasser : « Avez-vous été content de vos hommes ?

lui demanda-t-il. — Oh oui ! ils ont été admirables. Je ne puis vous dire combien je regrette de vous quitter

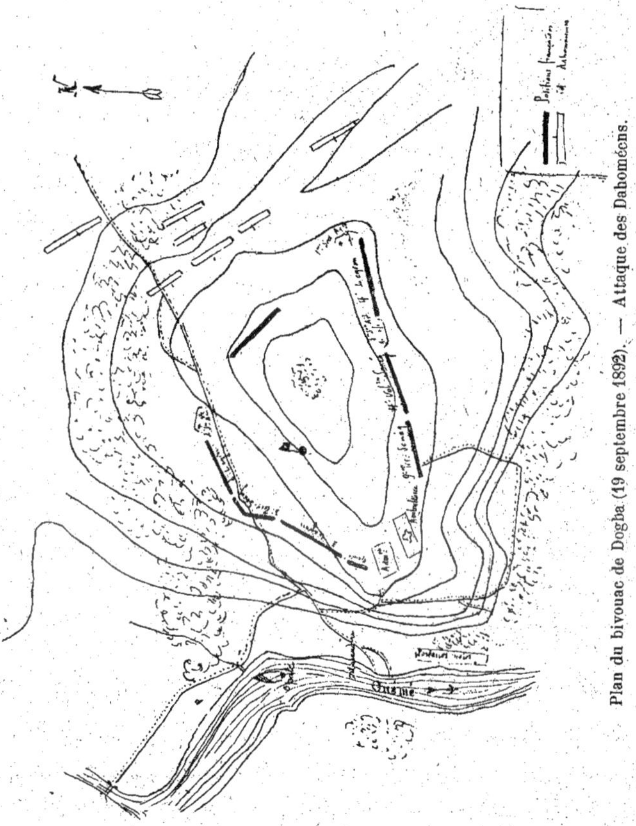

Plan du bivouac de Dogba (19 septembre 1892). — Attaque des Dahoméens.

si vite, mais cela ne dépend pas de moi. — Allons, reprit le colonel, courage ! Vous nous reviendrez avec

le cinquième galon ; courage et à bientôt ! » Faurax
sourit d'un indéfinissable sourire. Puis, après quelques
instants : « Si je puis, je reviendrai ; colonel, je vous
recommande ma légion. » Jusqu'à la dernière minute,
il ne cessa de donner ses ordres au capitaine Drude,
oublieux de ses propres souffrances, ne songeant qu'à
son bataillon, fournissant des notes pour faire récompenser les soldats les plus méritants. Et *l'Opale* partit,
emmenant avec lui son ordonnance, le soldat Graff, et le
major Piedpremier, qu'il aimait beaucoup et dont il avait
réclamé les bons services.

Pendant la descente de l'Ouémé, *l'Opale* fut aperçu
par un officier posté avec quelques cavaliers sur l'une
des rives du fleuve. C'était le capitaine Crémieu-Foa,
traînant au Dahomey l'incurable tristesse d'un récent
duel. Peu de jours après, il disparaissait aussi.

L'Opale arriva à huit heures du soir à Porto-Novo ;
le gouverneur, M. Ballot, accourut rendre visite au
vaillant blessé. Faurax s'entretint avec lui : « Ma bles--
sure est grave, dit-il. Ce sera dur, car je suis bien
touché. » Mais il ne souffrait pas et se prenait à espérer.

Vers onze heures, les étouffements commencèrent ; la
péritonite se déclarait. Les souffrances étaient grandes,
cependant Faurax demeura calme et tranquille jusqu'au
dernier moment, sans proférer une plainte. Il mourut à
quatre heures du matin.

Le lendemain, en apprenant la fatale nouvelle, son
bataillon fut dans la consternation la plus profonde, car
officiers et soldats aimaient leur commandant comme
un père et tous étaient fiers de lui. Sa droiture, sa bonté
inaltérable, ses qualités éminentes lui avaient gagné

tous les cœurs. Un légionnaire s'écria : « Oh ! ces canailles de Dahoméens nous l'ont tué ; mais nous le vengerons ! »

Le colonel Dodds en priant le capitaine Drude d'annoncer cette nouvelle à ses hommes, lui dit : « Répétez
bien à vos légionnaires que s'ils considèrent la mort du
commandant Faurax comme une perte irréparable, moi
je la juge comme une perte considérable pour la colonne
qui, déjà, avait su apprécier les qualités du commandant
Faurax, au point de vue du soldat et du camarade. »

Et de fait, cette mort, survenue au commencement de
l'expédition, en a retardé l'heureuse issue. De l'avis
d'hommes compétents, Faurax, officier d'une instruction
supérieure, aurait pu, en cas de malheur, prendre la
direction générale. Chez lui la science et le courage
marchaient de pair.

Les funérailles eurent lieu à Porto-Novo avec une
grande pompe. Le cercueil, enveloppé dans le drapeau
tricolore, était porté par les milices du gouvernement en
grande tenue. Le cheval d'armes du commandant suivait.

Derrière, marchait le lieutenant Stouter, de la légion,
l'officier au cœur aimant et fidèle, qui avait reçu le dernier soupir de son chef. Puis, le commandant d'armes et
le docteur Piedpremier. Enfin, en grand uniforme, le
gouverneur, M. Ballot, et à ses côtés le roi Toffa, notre
allié, qui, pour la première fois, se montrait dans un
cortège de blancs.

Tous les officiers, toute la garnison, tout ce que Porto-
Novo renfermait de commerçants européens, était là,
rendant au vaillant chef les suprêmes honneurs.

Au nom du bataillon étranger, le lieutenant Stouter

vint donner l'adieu au commandant Faurax. Sa douleur parla comme parlent les douleurs des fils sur la tombe d'un père ; elle se fit tendre, noble et émue. Puis, au nom de la France qu'il représentait, de cette France dont la fécondité puissante étonnait le monde et engendrait de tels enfants, le gouverneur prononça un discours qui impressionna vivement l'assistance.

Le service religieux fut chanté à la chapelle des Pères Blancs des Missions africaines, pendant qu'à la même heure, dans la rade, officiers et matelots du *Mytho*, réunis devant l'autel dressé sur le pont du navire, assistaient à une messe dite pour le repos de l'âme de leur illustre camarade.

Et la voix du canon tonnait, comme aux grandes funérailles, et rendait un dernier hommage au valeureux soldat, dormant son dernier sommeil loin des siens, sur cette côte lointaine d'Afrique.

Quand on apprit en France la mort de Faurax, tout le monde s'émut. La presse française fut unanime à louer l'officier disparu, à célébrer son courage et à retracer ses hauts faits. Les journaux étrangers, italiens, anglais, allemands firent taire, devant cette dépouille glorieuse, leurs vieilles rancunes, et donnèrent à la mémoire du commandant des éloges d'autant plus précieux qu'ils venaient de la bouche d'adversaires peu enclins à reconnaître le mérite chez un soldat français.

« Le commandant Faurax a eu une mort glorieuse, et, s'il était possible de trouver une consolation dans un tel malheur, c'en serait une de penser qu'il a donné sa vie et qu'il a couvert son nom d'une illustration qui ne périra pas. »

Ces lignes, écrites le 25 septembre 1892 par le gouverneur de l'Algérie, M. J. Cambon, reflètent très fidèlement le sentiment public sur le vaillant officier tombé dans la sanglante expédition du Dahomey.

Pendant la halte que faisait la cavalerie, j'eus le temps de monter jusqu'à Dogba et de me rendre compte *de visu* de la situation exacte de ce poste. Je rencontrai dans ma visite sur le champ de bataille deux amis d'enfance dont j'ignorais complètement la présence à la colonne : Thomeuf et Lallemant, l'un sous-officier d'artillerie de marine, l'autre sous-officier du génie. Cette rencontre, à 1,800 kilomètres de la France, renoua les liens d'amitié que, depuis de nombreuses années, nous avions abandonnés par suite de notre dispersion dans le monde.

Thomeuf, grand et beau soldat, au visage mâle et énergique, était cependant resté le grand enfant insouciant, riant toujours, ayant le mot drôle pour égayer les amis, cœur d'or, songeant d'abord aux autres avant de songer à lui.

En garnison, sous-officier plutôt indiscipliné, aimant faire un peu la « bombe » ; en campagne, garçon très précieux à cause de ses grandes qualités de cœur, et du fanatisme avec lequel il accomplissait les missions qui lui étaient confiées. Thomeuf me fit d'abord parcourir le camp, m'indiquant les positions qu'avaient occupées nos troupes et le lieu où le commandant Faurax fut blessé mortellement, celui où Mengué, sergent au 3e régiment d'infanterie de marine, reçut une balle qui, traversant sa cartouchière, sa ceinture de laine, ses vêtements, pénétra dans le flanc droit, tourna autour des côtes et sortit

par derrière, traversant à nouveau effets et ceinturon,
celui où Dormoy fut atteint d'une balle en pleine poitrine.
Voici la tente où le lieutenant Badaire reposait, lorsqu'il
entendit les premiers coups de fusils, et se précipita sur
ses chaussures, pour courir à son poste ; mais le malheureux officier ne devait point sortir de sa tente, une balle
égarée vint le frapper avant qu'il ait pu se rendre compte
de la situation. Ce malheureux officier était fiancé depuis
peu. Avec le commandant, ce sont les deux officiers dont
nous ayons à déplorer la perte.

Pendant cette promenade, au milieu de tous ces souvenirs, Thomeuf fumait sa pipe aussi tranquillement que
s'il eût été assis dans un fauteuil ou attablé à la cantine.

« — Tiens ! que fais-tu par ici ? me dit un sergent du
génie, quelle bonne rencontre, nous sommes déjà cinq
Lorrains à ma connaissance, tu fais le sixième. »

J'essayais de me remettre de la surprise et cherchais en
vain à mettre un nom sur ce grand visage pâle et émacié
que j'avais devant moi.

« — Comment tu ne reconnais pas un vieil ami d'enfance avec lequel tu jouais au soldat. Te rappelles-tu
nos sabres de bois, nos tuyaux de conduite d'eau, montés
sur des brouettes et simulant les canons, les fortins
établis dans le jardin de la maison paternelle, nous avions
déjà des dispositions pour la guerre ! »

Ces souvenirs de mon jeune âge, ce tableau rapide de
mon enfance, cette voix douce, rendue plus faible encore
par la fatigue et la fièvre, me firent reconnaître Lallemant. A son tour, il m'apprit que, pendant le combat, le
génie avait servi de garde d'honneur au colonel Dodds,
et comme les sapeurs de la garde du grand Empereur, il

veillait sur le grand chef. Tous ont été étonnants de sang-froid, de courage, et ont montré de grandes qualités militaires.

Le colonel Dodds, ici, entre ces deux arbres, dirigeait le combat et donnait ses ordres avec le plus grand calme. J'étais à deux pas de lui, lorsqu'il appela un légionnaire, cuisinier probablement d'une section, qui courait de son fourneau de campagne, de ses marmites de campement, sur les lignes, portant à ses camarades sous le feu de l'ennemi le café qu'ils n'avaient pu prendre : « Donnez-moi un verre de café, dit-il au légionnaire, et apportez-moi aussi un peu de vinaigre de Bully. »

Le vinaigre de Bully était le tafia.

Les balles sifflaient autour de nous, les branches cassées et les feuilles arrachées tapissaient le sol. Par un hasard providentiel, le colonel Dodds et son état-major ne furent point atteints. Par contre la tente du colonel Dodds ressemblait à une véritable passoire, elle était criblée de balles. Seul, un homme de ma section reçut une balle morte qui traversa son casque et vint s'aplatir sur la tempe. L'homme tomba, un camarade le croyant blessé se précipita, pour lui prodiguer ses soins et déjà lui arrachait son sachet à pansement, quand une autre balle atteignit en pleine tête le malheureux qui se dévouait. La mort fut foudroyante, et il vint expirer dans un râle épouvantable, arrosant de son sang celui qu'il voulait sauver.

Lallemant me conduisit ensuite vers les bûchers où l'on avait incinéré les cadavres de cent cinquante Dahoméens, bûchers faits de palmiers, de feuilles et d'herbes sèches arrosés de pétrole.

Le lieutenant Monneyres avait été chargé de cette lugubre besogne.

L'heure s'avançait, je voyais le commandant Villiers, le capitaine de Fitz-James, MM. de Tavernost, Legrand, Basset, se diriger vers le bivouac des spahis ; je quittai mes deux amis, leur disant : A bientôt ! Je n'oubliai point de dire à Lallemant que la ligne télégraphique installée sur la route suivie le matin était coupée vers le village de Abéokouta, environ quatre kilomètres sud de Dogba ; j'avais fiché au milieu du chemin une grande branche avec un papier, afin de prévenir les sapeurs du génie chargés de la surveillance de la ligne.

A une heure la cavalerie avait levé le bivouac, se dirigeant vers Zounou, environ quinze kilomètres au nord de Dogba, où se trouvaient depuis la veille les premiers groupes, le colonel Dodds et l'état-major. Un pont des plus rudimentaires avait été jeté sur la lagune de Badao au passage le plus étroit, quatre gros palmiers de vingt mètres de longueur placés perpendiculairement aux berges en formaient le tablier, reposant par leurs extrémités sur des talus préparés en culées, quelques fagots et quelques herbes bouchaient tant bien que mal les interstices laissés entre chaque arbre. Le passage des premiers pelotons s'effectua sans encombre, puis petit à petit les ouvertures se firent, et le reste de la cavalerie ainsi que les mulets du convoi eurent un mal inouï pour franchir ce pont. Plusieurs chevaux tombèrent à l'eau, s'embarrassant dans leurs rênes et dans les lianes qui tapissaient le lit du marigot ; le dernier peloton mit près d'une heure pour passer quarante chevaux.

Le chemin suivi par la colonne longeait le fleuve sur

sa rive gauche, tantôt à deux mètres de la berge, très basse et marécageuse dans laquelle nos chevaux enfonçaient jusqu'aux jarrets, tantôt obliquant à droite pour faire un kilomètre en forêt, grimpant des pentes de 45° pour reprendre ensuite le bord du fleuve.

Resté à l'arrière avec mon peloton, chargé du convoi et des porteurs adjoints au service de la cavalerie, j'eus tous les maux du monde pour mener à bien la mission qui m'avait été confiée. Nos mulets à peine dressés à Kotonou aux attelages des petites voitures Lefèvre, par de Thézillat, n'avaient pu être employés dans ces sentiers où un cheval passait difficilement. Les harnais n'avaient point été confectionnés pour des mulets de bât, ce fut un vrai tour de force que d'être arrivé sans détériorations graves à se servir de ces harnachements pour arrimer à dos de mulets les cantines des officiers, les caisses de vivres et le matériel de campement.

En tout autre endroit, en tout autre chemin, ce n'aurait été que jeu d'enfant, chaque animal bien bâté, et chaque charge bien confectionnée, les petits ennuis auraient été vite passés, mais mon malheureux convoi, conduit par des noirs inexpérimentés et ne connaissant pas le premier mot du service qui leur incombait, alla à la débandade.

Les marigots étaient nombreux, aux berges à pic de chaque côté, au fond vaseux. Pas de pont pour passer d'une rive à l'autre, chevaux et mulets refusant de descendre dans ces ravins de cinq mètres de profondeur et d'une dizaine de mètres de largeur.

Obligés de mettre pied à terre, il nous fallut entrer dans l'eau, tantôt jusqu'aux genoux, tantôt jusqu'à la ceinture, descendre la berge à pic en glissant, pour la remonter de l'autre côté, nous aidant des mains et nous accrochant à tout ce que nous rencontrions. Les difficultés avec les chevaux furent moindres qu'avec les mulets.

Nous dûmes débâter ceux-ci et les faire rouler dans le ravin, où, armés de bâtons, nous les forcions à grimper le talus opposé ; puis, les bagages passés sur la tête ou à dos d'hommes étaient remis à leur place sur les mulets. Ces opérations nous demandaient en moyenne une heure chaque fois.

La nuit arrivait à grands pas, j'étais encore loin de Zounou et un dernier marigot me restait à passer. Un spahi lancé en avant pour reconnaître la route, vint m'avertir qu'à la première rivière, une section de légion étrangère m'attendait.

En pleine forêt, le chemin subitement coupé par une grande cuvette vaseuse, d'une vingtaine de mètres de largeur et de deux à trois kilomètres de longueur, retarda encore la marche de l'arrière-garde et du convoi. Un chemin de fascines avait bien été jeté sur cette boue pour permettre à l'infanterie de passer, mais la cavalerie n'aurait pu s'en tirer que difficilement. Je fis mettre un noir à l'eau, armé d'une grande perche pour sonder le passage. Je choisis un endroit où nous devions avoir de l'eau jusqu'au poitrail de nos chevaux et très peu de vase. Mes mulets refusèrent d'avancer. Je dus me mettre à l'eau, donnant de là mes ordres sur les deux berges, tandis que le lieutenant de la légion s'occupait de réunir et de reconstituer ma troupe et mon convoi.

Depuis un quart d'heure j'étais à l'eau, lorsque j'entendis prononcer mon nom, et demander si c'était bien moi qui venais d'Algérie. A peine avais-je répondu affir-

mativement à cette interpellation qu'une masse informe
tomba à mes côtés, m'éclaboussant le visage ; barbotant
quelques secondes, je sentis une forte étreinte autour du
cou et une accolade sérieuse. Cet inconnu, qu'il ne m'était
pas permis de voir, à cause des ténèbres profondes
dans lesquelles nous étions plongés, me dit à l'oreille :
« Je suis ton vieil ami du Sud, Djelfa, Laghouat,
Gardhaïa. » C'était un ancien sous-officier du 1er spahis,
libéré depuis peu de temps. Rentré dans ses foyers, la
nostalgie du pays chaud, du soleil et du ciel bleu l'avait
pris, il s'était engagé à la légion étrangère pour venir faire
campagne comme simple soldat au Dahomey.

C'était, décidément, la journée aux imprévus, aux
rencontres fortuites. Mon cœur se serra à la pensée que
ce camarade, qui avait partagé avec moi pendant deux
ans dans le Sud Algérien les mêmes privations, les
mêmes émotions, se trouvait peut-être malheureux dans
sa nouvelle situation. C'était un ami de plus à la colonne,
et en campagne on ne saurait trop en avoir. Je remis à
plus tard l'histoire de son odyssée, depuis sa sortie du
régiment, et m'occupai de remercier le lieutenant de la
légion, dont malheureusement j'ai oublié le nom, et de
reprendre la marche de mon arrière-garde.

La section de la légion, munie de torches résineuses,
éclairait notre marche en ce pays difficile.

Il nous restait à traverser un immense marais où les
hautes herbes, formant un rideau très épais, empêchaient
de voir à deux pas sur les côtés.

La sente suivie, quoique peu large, un mètre à peine,
était bien tracée et le sol bien battu. A peine sorti de ce
défilé, un spahi vint me prévenir qu'il fallait arrêter

quelques instants pour permettre aux conducteurs de retirer du marais un malheureux mulet qui s'embourbait et dont le chargement était fortement compromis. Cet incident retarda encore d'une heure notre arrivée au camp.

Le commandant Villiers, inquiet sur notre sort, nous dépêcha le capitaine de Fitz-James, que je rencontrai à cinq cents mètres du bivouac.

Exténué de fatigue, boueux, vaseux, j'allai prendre le repos désiré ; enroulé dans mon burnous, ma selle me servant d'oreiller, je dormis à poings fermés.

CHAPITRE VI

Toujours sur la rive gauche de l'Ouémé.

26 Septembre, neuf heures du soir.

Mes chers spahis depuis trois jours se sont surpassés, grâce à eux tous les soirs je puis veiller assez tard et mettre à profit ces heures, pendant lesquelles tout autour de moi repose.

J'en profite pour coucher sur quelques feuilles volantes mes impressions de la journée.

Sous ce beau ciel bleu, au milieu de cette végétation luxuriante, nos impressions sont vives et multiples, nos sensations profondes, souvent aiguës, les tableaux passent devant nos yeux si rapidement, les faits sont si nombreux, les ordres si complets que, pour se souvenir, il faut tenir son journal, dit M. d'Albéca.

Levés de grand matin, couchés à huit heures, de toute la journée il ne faut pas espérer pouvoir distraire quelques instants, pour consigner, même en style télégraphique, ses observations. Baba-Ba l'a compris, et, sous sa direction, mes spahis m'ont construit une case merveilleusement organisée, ne laissant pas pénétrer dans la journée le moindre rayon de soleil, et la nuit, la lumière de mon photophore ne peut donner l'éveil aux grands chefs. Grâce à cette installation parfaitement comprise, j'ai pu, pendant les journées des 24, 25, 26, passer l'inspection de mon léger bagage, et donner de mes nouvelles à ma famille et aux amis.

Nous sommes maintenant aux prises avec les Dahoméens ; dans quelques jours nous quitterons le fleuve, et Dieu sait quand les courriers pourront être expédiés sur Kotonou et de là vers la France.

Dans la journée, j'ai fait une reconnaissance vers le nord, à six kilomètres du camp. Rien ne fait prévoir une attaque du côté de l'ennemi, la zone parcourue est tranquille ; pendant ces six kilomètres je n'ai relevé aucun indice, le pays est découvert et les herbes basses, peu d'arbres, pas de forêts.

En rentrant au bivouac, un de mes spahis se plaint de fortes douleurs au côté, je le fais déshabiller et le visite moi-même, le pauvre garçon avait à la hanche gauche une bosse de la grosseur d'un œuf.

« C'est le ver de Guinée, » me dit-il.

Je fais appeler Baba-Ba, et lui dis de faire à son camarade le pansement nécessaire dans ce cas. Baba-Ba va cueillir des feuilles de baobab et les fait bouillir, les triture et en forme une pâte qu'il applique comme un cataplasme sur la partie malade. Je recommandai le repos le plus complet à Matou-Fatiam, après lui avoir fait prendre une tasse de thé très fort.

Le ver de Guinée, ou filère de Médine, est commun au Sénégal et au Soudan, et les noirs en sont principalement atteints. C'est, dit-on, en buvant l'eau croupie des marigots que l'on prend, à l'état de microbe, cet animal qui, au bout de quelque temps, se développe, et passant à travers les tissus, vient se placer entre cuir et chair, donnant la fièvre, des vertiges et des malaises sérieux aux hommes qui en sont atteints.

Les Sénégalais soignent cette maladie au moyen de cataplasmes de feuilles bouillies de baobab, remplacés souvent dans la journée. Après plusieurs jours de ce traitement, la grosseur formée par le ver s'attendrit, une légère incision, un bain ou des lotions d'eau froide attirent l'animal au dehors. C'est alors que les précautions les plus minutieuses sont à prendre. La tête du ver est nouée à un fil, le malade l'aide à sortir en le tirant très légèrement. Si le ver, qui a parfois sept à huit mètres de longueur, vient à se casser, l'opération est à recommencer ; si l'extraction est menée doucement et avec patience, elle peut durer de huit à dix jours. Au fur et à mesure qu'il sort de la plaie, l'animal, gros comme un fil, est enroulé autour d'un petit morceau de bois de la grosseur d'une allumette ; à la moindre résistance il faut cesser la traction et fixer le petit bois sur la plaie au moyen d'un bandage.

Cette maladie n'est pas grave, mais exige du repos, chose peu commode en campagne.

La fièvre commence aussi à faire son apparition au camp, des cas très bénins sont signalés.

La fièvre paludéenne, comme la fièvre intermittente, se combat au moyen du sulfate de quinine.

Le meilleur mode pour prendre ce médicament est de l'avaler dans une infusion de café, à raison de vingt à vingt-cinq grammes par jour, à renouveler pendant quatre ou cinq jours. Un grand nombre de médecins préconisent également le bromhydrate de quinine, plus énergique que le sulfate et se conciliant mieux avec l'estomac.

« La fièvre paludéenne est, de toutes les maladies, celle que doivent le plus redouter les Européens qui vivent aux colonies. L'empoisonnement paludéen est parfois tel, que l'on a vu, à plusieurs reprises, des malades atteints d'une espèce de tétanos ; ils tombaient dans une sorte d'idiotie, délirant et ricanant d'une manière véritablement effrayante (1). »

28 Septembre.

Le 27, à cinq heures et demïe du matin, le camp de Zounou est levé, la colonne se met en route progressivement. Une partie de la cavalerie, en avant-garde sous les ordres du commandant Villiers, passe le pont du Zou à six heures trente. Arrivée à Kébi à six heures quarante-cinq, elle détache un peloton sur la route de Dasso, avec mission de surveiller la direction Est.

Le village de Kébi est abandonné, les Dahoméens ne laissent rien derrière eux, les quelques arpents de terrain cultivé qui entourent le village sont défoncés, le feu a été mis à ce qui pouvait encore nous servir, les magasins de réserve que possède chaque village et où est renfermée une grande provision de maïs, ont été impitoyablement pillés, saccagés ou brûlés ; devant nous règne la misère la plus complète, il nous est absolument impossible, et ce serait une folie, de vouloir compter sur les ressources du pays.

A cent mètres à peine du fleuve, se déroule le sentier

(1) *Les Colonies françaises.*

qui nous conduit à notre nouveau bivouac. La marche est moins pénible que les jours précédents, le terrain est pour ainsi dire découvert ; par-ci par-là un arbre ou deux et quelques buissons épineux rompent la monotonie du paysage ; nous en arrivons à regretter les forêts traversées au début.

Le terrain est beau et favorable à un déploiement de la cavalerie, les herbes n'arrivent qu'au poitrail de nos chevaux. Il faut malgré cela marcher avec les plus grandes précautions, l'ennemi est signalé vers Tohoué, et à peine en sommes-nous éloignés d'une dizaine de kilomètres.

Le soleil au haut de sa course tape fort sur nos têtes, nous sommes tous haletants et nos chevaux sont blancs d'écume.

A midi, nous nous arrétons, la cavalerie place des postes d'observation pendant que l'infanterie, l'artillerie et les différents groupes s'installent au bivouac. Nous sommes au camp de Damé, en face du village d'Avangitomé.

En jetant les yeux sur une carte du Dahomey, on se rend compte de suite que le chemin le plus court pour arriver en plein cœur du pays est de traverser l'Ouémé et prendre la direction nord-nord-ouest vers Abomey.

Tohoué est le point-limite où la flottille peut remonter le fleuve, un banc de sable en défend le passage et peut en même temps être utilisé comme gué.

C'est là que Behanzin a concentré toutes ses forces et nous attend.

Le colonel Dodds est renseigné depuis longtemps sur les dispositions prises par l'ennnemi. Aussi son intention

est-elle de maintenir dans l'erreur les troupes dahoméennes le plus longtemps possible, afin de nous permettre le passage de l'Ouémé à Gbédé et de tourner
l'ennemi. Le colonel Dodds et l'état-major ne laissent
rien soupçonner de leurs projets, ils envoient vers le
nord des reconnaissances d'infanterie éclairées par des
pelotons de cavalerie, reconnaissances que l'ennemi prend
pour l'avant-garde de la colonne.

Le colonel Dodds prescrit au lieutenant de vaisseau
de Fésigny de reconnaître Tohoué avec les canonnières
l'*Opale* et le *Corail*, renforcées chacune d'une section de
légion.

Les hommes de la légion et de l'équipage étaient à leurs
postes de combat, protégés par des plaques de blindage.

Arrivés à la hauteur de Tohoué, là brousse devenait
très épaisse sur les berges et tout paraissait abandonné ;
pas le moindre mouvement, pas le plus petit bruit ne
trahissaient la présence de l'ennemi. M. de Fésigny
augurait mal de ce silence hypocrite et en faisait part à
son second, Le Bidois, lorsqu'une salve d'artillerie éclata,
suivie d'un feu de mousqueterie très nourri.

M. de Fésigny, dans son rapport au colonel Dodds, dit :

« L'ennemi était rangé sur les deux berges, sur un
espace d'un kilomètre et demi environ, et armé d'artillerie. D'après les traces d'obus que j'ai à bord, je pense
qu'il y avait des pièces de deux calibres, dont l'un sensi-
blement pareil à celui de quatre.

« Au coude de Tohoué, je me décidai à virer de bord,
le but de ma reconnaissance étant rempli. Je mouillai
dans le coude pour laisser à l'*Opale*, qui se trouvait derrière moi, le temps de faire son évolution et de me dégager

le terrain. Dès qu'elle eut viré, j'ai appareillé et nous avons commencé la descente.

« Au mouillage et pendant l'évolution, nous avons dû combattre les gens établis à Tohoué. A la descente, nous avons repassé devant la ligne des feux, qui nous ont poursuivis plus bas que le point où s'est produit l'attaque, car, au village de Gbédé, j'ai eu un légionnaire tué d'une balle dans la tête. »

Etendus paresseusement à l'ombre d'un grand fromager, nous attendions patiemment l'heure de la soupe, que Bia nous confectionnait, et qui, pour nous autres Algériens, était nouvelle. Bia, toujours à la recherche d'un menu nouveau, avait vu les Sénégalais abattre des palmiers, les débarrasser de leurs immenses branches, en trancher la tête, et faire de ce toc supérieur, une fois épilé, des tranches très minces, qu'ils jetaient dans des marmites d'eau bouillante. Ayant goûté cette soupe indigène qu'il avait trouvée bonne, il nous en confectionnait, lorsque la fusillade et la canonnade nous firent oublier que l'heure de se garnir l'estomac était arrivée. Quittant nos fourneaux que nous couvions d'un œil d'envie, nous nous jetions sur nos armes pour courir prendre nos postes de combat.

Le capitaine de Fitz-James, au courant ce qui se passait, nous criait : « Mes enfants, gardons le calme des vieilles troupes. On se bat à Tohoué, vous avez tout le temps nécessaire de prendre votre repas, car nous ne partirons en reconnaissance que dans une heure. »

Bia, avec son calme habituel et son grand sang-froid, remuait ses marmites sans s'inquiéter de ce qui se passait autour de lui.

La soupe au chou palmiste, augmentée d'une salade de ce même légume, fut trouvée délicieuse. Une boîte de cornebif et un quart de biscuit, arrosés d'eau légèrement coupée d'absinthe, complétèrent ce frugal repas.

La reconnaissance de M. de Fésigny avait duré trois quarts d'heure ; nous étions tous sur la berge pour assister au retour des canonnières. A un coude du fleuve, nous voyons le pavillon en berne sur le *Corail*, nos cœurs se serrent à la pensée que nous avions des amis blessés et peut-être morts à bord. Le *Corail* et l'*Opale* accostent la rive gauche ; le colonel Dodds, l'état-major, une grande partie des officiers et des troupiers sont présents. Les médecins et les brancardiers attendent les victimes pour les transporter aux ambulances.

« Le *Corail* avait, le long de son bord, quatre renfoncements provenant d'obus divers, et les traces de cent cinquante balles (1). »

Les sections débarquèrent en ordre et, alignées sur la berge, portèrent les armes aux treize blessés, dont un mortellement (un sergent-fourrier qui avait eu deux côtes cassées et une balle dans le côté) : quatre appartenaient à l'équipage du *Corail*, deux à celui de l'*Opale* et sept à la légion.

Notre malheureux camarade mourut à l'ambulance vers trois heures de l'après-midi.

A sept heures, au centre du camp, sous un berceau d'arbres séculaires, un petit autel était dressé, l'abbé Vathelet, aumônier de la colonne, récita les prières des morts devant les restes encore chauds du sergent-

(1) *Campagne du Dahomey*, par Jules Poirier.

fourrier. Son corps, cousu dans une couverture et entouré de branches de palmier, reposait devant l'autel, le pavillon français jeté sur ce catafalque improvisé.

Tous les officiers et les hommes disponibles assistaient, dans un profond recueillement, à l'enterrement de notre pauvre ami.

Le colonel Dodds, profondément ému, lui dit un dernier adieu au nom de la colonne, et le capitaine Jouvelet, de sa compagnie, au nom de la légion étrangère.

Enterrés au camp de Damé, les restes de ce brave, mort pour sa patrie et son drapeau, seront un jour recouverts par la brousse épaisse ; mais si nous en perdons la trace, son souvenir nous restera profondément gravé au cœur.

29 Septembre, six heures du soir.

Nous nous attendons à une chaude affaire, car maintenant nous savons que l'ennemi est à peine à une heure de nous, épiant nos moindres mouvements et cherchant à nous entourer pour tomber ensuite sur nous et nous massacrer. Le colonel Dodds veille, son état-major travaille, les reconnaissances et les patrouilles battent le terrain vers le nord et tiennent en respect les sauvages Dahoméens, qui n'attendent qu'une occasion favorable.

Le génie et les porteurs sont occupés à débroussailler et à tracer une route qui doit nous conduire à Gbédé.

Par une sorte de coquetterie, nous tenons à paraître devant les troupes de Behanzin avec tous nos avantages. Nous nous préparons pour la grande bataille comme si nous devions aller à un bal officiel.

Ceisson me glisse à l'oreille : « Hé, nous pourrons

peut-être faire un bon mariage et épouser une grosse dot,
il y a en face de nous les amazones de Behanzin qui doivent
être couvertes d'or et de pierreries. »

Aussi, cheveux et barbes, qui n'avaient vu la couleur
des ciseaux et du rasoir depuis longtemps, tombent-ils
sous la main du légionnaire qui nous barbifie, contre un
peu de tabac donné en paiement.

Frais comme des gentlemen, habitués des grands salons,
nous allons bientôt danser au son des feux de salve, et les
éclats d'obus, transformés en confettis, viendront mettre
la gaîté dans la colonne.

Les légionnaires confectionnent, les uns des sachets de
toile qu'ils porteront sur la poitrine, maintenus par deux
bretelles et dans lesquels ils pourront placer dix paquets
de cartouches, les autres sont occupés à verdir les casques
de liège avec de l'herbe, afin d'atténuer les points de mire.
Tous astiquent et graissent leurs armes, la cavalerie
affile ses sabres. Mon ami Gérard a sorti toutes ses décorations et les caresse d'un regard amoureux ; à l'heure du
bal il les accrochera sur sa poitrine, pour les réintégrer
ensuite dans leur écrin, la fusillade finie.

Le colonel Dodds, avec sa grande habitude de la guerre,
passe dans le bivouac, disant à chacun une parole d'encou-
ragement, donnant des conseils et prodiguant ses félicita-
tions à ceux qui lui sont présentés.

« Le bivouac présentait l'aspect suivant, écrit M. J.
Poirier : les tentes des officiers et des sous-officiers, en
arrière, du côté du carré qu'ils commandaient, les tentes
des médecins, des différents services, de l'ambulance,
les quinze cents porteurs, régulièrement groupés, tout
cela prenait un aspect vraiment pittoresque. Les Euro-

péens sont logés à l'intérieur du carré dans des petites maisons transportables, faites avec des tiges de palmier ; le toit est constitué par des tentes-abris, et les murs par d'immenses branches engagées dans les montants. C'est très bien imaginé et très pratique ; là-dessous on est à l'abri des insolations et l'on a une certaine fraîcheur. L'intérieur du carré figure ainsi une sorte de village, à large rue et absolument vert. Le colonel occupe à peu près le centre (1). »

Les porteurs qui se sont fait aussi des abris, préparent leur cuisine bizarre ; ils ont chacun une plaque en bois avec leur nom, une toque dont la couleur varie avec les services. Elle est blanche, bleue, jaune, rouge, verte, etc., selon que le porteur appartient au service des vivres, à l'ambulance, à l'état-major, etc.

Les Sénégalais, devant leur tente en pyramide, fument tranquillement leur pipe. Pour eux, la guerre est l'état normal ; en paix, ils ne vivent pas. Dans toutes leurs réponses on sent la simplicité, l'ardeur à se faire hacher pour nous et pour notre pays. Les anciens racontent leurs campagnes depuis Faidherbe ; ils ont toujours combattu et vaincu à nos côtés ; pour eux, il ne reste qu'un seul roi noir qui ose encore résister à la France, c'est Behanzin.

Cela vous fait monter l'orgueil au front, d'entendre ces gens qui nous sont si simplement et si complètement dévoués.

A huit heures du soir on nous communique les ordres de l'état-major, le bivouac sera transporté à Gbédé.

____

(1) *Campagne du Dahomey.*

30 Septembre.

Au petit jour, nous abandonnons le camp de Damé, nous portant en deux colonnes sur Gbédé, la première par la route longeant le fleuve, la seconde par Agocon.

Aucun incident à signaler dans cette marche de trois kilomètres à peine. Le bivouac habituel, en carré, fut vite installé, le colonel, l'état-major, les ambulances, les différents services au centre, les groupes combattant sur les trois faces menacées, la cavalerie sur la face sud.

La flottille remorquant les plates-formes et les pirogues, remonte le fleuve et appuie notre marche de ce côté.

Installés sous d'immenses bentaniers, nous sommes mieux abrités qu'aux bivouacs précédents. L'agglomération de tentes et de cases vertes, tout ce monde grouillant, remuant, allant à droite, allant à gauche, vaquant à ses occupations, donnent un instant l'illusion d'un grand marché indigène.

La chaleur est suffocante, nos chevaux qui depuis Kotonou ont eu déjà beaucoup à souffrir, s'anémient chaque jour et voient leurs rations diminuer.

Les chevaux arabes ne touchent plus que trois kilogrammes d'orge et les chevaux sénégalais deux kilogrammes.

Les insolations sont fréquentes.

A peine étions-nous installés pour prendre quelques instants de repos que, Faucoulange et moi, sommes désagréablement dérangés par la chute de notre case qui s'abat avec fracas sur nos têtes, un tourbillon de poussière nous aveugle et, entre les pattes des chevaux, nous

nous relevons contusionnés. Deux superbes chevaux, atteints d'insolation et de vertige, ont brisé leurs entraves et chargeant à travers le camp, renversant tentes, cases, armes, buttant dans tout ce qui est obstacle pour eux, finissent enfin par venir s'assommer contre un énorme baobab. Le vétérinaire les achève d'un coup de revolver : c'était le seul remède pratique.

Le lieutenant de Tavernost, parti en reconnaissance à dix heures du matin, rentre vers une heure de l'après-midi avec une bonne prise. Tombé à l'improviste sur le village de Tohoué-Ouvon-Soumé avec son peloton, les Dahoméens s'enfuient dans la brousse ou se jettent dans le fleuve qu'ils traversent à la nage, abandonnant dans le village leur petit troupeau, leurs volailles, leur provision de maïs et quelques armes. Les Sénégalais entourent rapidement le village, chargeant dans tous les sens contre quelques inoffensifs moutons, chèvres et poules.

Mettre pied à terre, faire une razzia complète dure quelques minutes.

Ce fut avec des cris de joie que la reconnaissance fut reçue à son retour au camp.

Le butin fut réparti d'une façon intégrale entre les officiers et les différents groupes. Aussi ce soir, est-ce grande fête au bivouac.

Comme sous Henri IV, nous pûmes mettre la poule au pot, et un bon verre d'eau, puisé à l'Ouémé et coupé de tafia, arrosa notre succulent repas.

A six heures, le colonel Dodds fait réunir les clairons, les fifres de la légion, les trompettes des spahis, et pendant une heure des sonneries et des marches guerrières retentissent dans la forêt voisine.

La trille aiguë du sifflet de l'état-major met fin à cette fête, les ondes sonores meurent peu à peu et le silence officiel règne de nouveau.

« — J'augure mal de cette réjouissance, m'a dit Thomeuf, en me serrant la main. La veille de l'attaque de Dogba, nous avions fait une retraite aux flambeaux pour fêter la soumission du Dékamé, le lendemain matin, au petit jour, nous étions attaqués, et tu sais ce que cela nous a coûté.

« — Allons, je crois que tu as trop biberonné à l'Ouémé, ce soir, lui dis-je, va te coucher, le signal du repos est donné. »

2 Octobre.

Thomeuf avait dit juste. Vers une heure du matin, un coup de feu partit aux avant-postes, rompant le silence de la nuit ; un second coup de fusil, suivi d'un cri déchirant, me fit sauter sur mes armes, et dans l'obscurité la plus profonde, je réussis à réunir mes hommes et à les diriger vers le poste de combat qui m'avait été désigné dans la journée.

Une lueur rouge éclaire l'horizon ; au même instant, un coup de canon, qui semble avoir été tiré de très loin, est suivi d'un sifflement aigu qui passe au-dessus de nos têtes et un obus vient éclater sur notre rive, à cent mètres de la face sud du bivouac.

Instinctivement je baisse la tête.

« — Tiens, dit Ceisson, nous avons fait ce soir un bon repas, mais il nous manquait le dessert. Behanzin, dans sa générosité, nous envoie des pruneaux. »

L'ennemi règle bien son tir et envoie, sur chacune des faces du carré, un projectile qui tombe à peu de distance des hommes.

Le *Corail* lance des projections électriques, mais éteint bien vite ses feux sur l'ordre du colonel.

Au bout d'une heure, la canonnade cesse, n'ayant fait aucune victime parmi nous.

L'appréhension d'entendre des cris de douleur, jointe au sifflement des obus passant au-dessus du bivouac et les ténèbres profondes dans lesquelles nous nous trouvions, avaient produit sur nous une vive impression.

Ce matin, le chef d'escadron Laserre, commandant l'artillerie au Dahomey, curieux de connaître les joujoux que les Dahoméens nous avaient envoyés pendant la nuit, nous témoigne le désir d'en posséder au moins quelques morceaux. Nous nous mîmes à rechercher quelques éclats d'obus.

Par-ci, par-là, un culot, une fusée, un morceau d'acier mâché furent ramassés et portés au commandant Laserre qui, après un examen attentif, en donna le type et la composition exacte. « Ce sont des projectiles allemands, nous dit-il, et je ne crois pas me tromper en disant que les Dahoméens doivent avoir entre les mains des canons Krupp, modèle 1878. »

Mon gourgui Samba, qui jusqu'alors n'a pas bronché et estime qu'au Dahomey il fait bon, puisqu'il a à manger et peu à travailler, trouve maintenant que les coups de canons ne sont pas amusants; il manifeste le plus grand désir de quitter la colonne et de redescendre sur Porto-Novo.

Je le menace de le faire mettre à la crapaudine, les

mains et les jambes attachées et de l'exposer ainsi au milieu du camp, à la risée de ses coreligionnaires. Cette menace lui a fait de l'effet, il est venu me trouver ce matin, pour m'annoncer qu'il avait changé d'avis et demandait au contraire un fusil pour faire aussi le coup de feu.

Les reconnaissances des jours précédents nous avaient prouvé que le passage du gué de Tohoué était impossible. L'ennemi étant fortement retranché sur les deux rives, aborder un tel obstacle aurait eu pour résultat de demander de grands efforts et d'amener des pertes sensibles.

Depuis hier, une grande animation régnait dans le camp. La section du génie, sous les ordres du capitaine Roques, paraît principalement affairée, les sapeurs couraient à droite et à gauche, préparant les matériaux nécessaires à un grand travail.

Qu'allait-il se passer ?

Tous se consultaient. L'imagination vagabonde de nos troupiers enfantait des histoires extraordinaires ; les suppositions les plus fantaisistes circulaient parmi les officiers et les hommes ; mais rien des projets du colonel Dodds n'avait transpiré.

Du 1ᵉʳ au 2 octobre, j'avais été obligé de passer ma nuit complètement à la belle étoile.

N'ayant pas été satisfait des services de mon spahi, je l'avais envoyé promener en le gratifiant d'une claque bien appliquée sur la joue gauche. Très susceptible, mon Sénégalais refusa net de m'établir une case pour la nuit et de me faire une tasse de thé. Je dus en passer par là et me contenter, comme gîte et abri, d'un immense baobab dont les branches énormes couvraient une superficie de quarante mètres carrés.

Réveillé par l'humidité, bien avant le jour, j'entendis du bruit à quelques mètres de moi, vers le fleuve.

Intrigué, j'allai de ce côté et j'interrogeai le sergent du génie Lallemant, qui dirigeait un travail de terrassement et essayait de se faire comprendre des quarante noirs qu'il avait sous sa coupe.

« — Ce sont, me dit-il, des rampes, pour permettre à la cavalerie, à l'artillerie et au convoi d'aborder plus facilement les plates-formes qui doivent accoster ici et servir au passage du fleuve.

« — Comment, nous quittons Gbédé et nous traversons l'Ouémé ! Quand doit avoir lieu ce passage ?

« — Mais, dans une heure ou deux, dans tous les cas, le colonel Dodds désire profiter du brouillard et faire passer une partie de sa colonne avant que l'éveil ne soit donné au camp ennemi. »

Un brouillard très épais s'élevait sur l'Ouémé, et les canonnières, mouillées à vingt mètres de la rive, disparaissaient complètement derrière cet épais rideau.

Un clapotis, suivi d'un bruit sec, me fit retourner la tête, c'était une pirogue dirigée par deux immenses noirs, au fond de laquelle j'aperçus deux tirailleurs armés, la baïonnette au canon, et un sergent.

« — Tiens ! vous allez prendre le frais de bien bonne heure, lui dis-je, avez-vous au moins fait bonne pêche ? »

Je croyais qu'il était allé visiter des cordeaux qu'il avait dû poser la veille au soir.

« — Voyez, c'est inutile d'avoir de gros engins, on n'en attrape pas davantage. »

Le sergent tenait à la main un câble d'acier de la grosseur du petit doigt, dont il venait de fixer une extrémité sur la rive droite pour établir un va-et-vient devant aider au passage de la colonne.

« La position choisie pour l'emplacement du bivouac de Ghédé était très favorable pour une opération de cette nature; le fleuve, qui a cent mètres de largeur, forme à cet endroit un saillant de notre côté, de sorte que sur la rive gauche le terrain est argileux, la berge à pic et le fleuve très profond, tandis que la rive droite, au contraire, est sablonneuse et s'élève en pente douce (1). »

Mis au courant par les renseignements que je venais d'obtenir, j'allai donner des ordres afin que mes hommes fussent prêts au signal du départ.

(1) *La Guerre au Dahomey*, par le capitaine d'infanterie de marine Ed. AUBLET.

CHAPITRE VII

Passage de l'Ouémé.

« A cinq heures du matin, la 1re compagnie de la
légion étrangère commence le mouvement et se déploie
aussitôt dans la brousse pour protéger le passage de la
colonne ; elle est presque aussitôt renforcée des deux
autres compagnies du groupe (capitaines Robard et Rilba)
et de trois cents porteurs du convoi chargés de débroussailler (1). »

Les escadrons de spahis viennent ensuite et opèrent
avec rapidité sous les yeux du commandant Villiers et
du capitaine de Fitz-James, secondés par les officiers de
peloton.

Le courant est très fort, une première cinquenelle (2)
se rompt, une plate-forme part à la dérive ; elle va incon-
testablement se briser contre le *Corail* vers lequel le
courant la jette. Les hommes sont affolés, les chevaux
ruent et cassent leurs entraves.

Un spahi tombe à l'eau, et luttant en désespéré contre
le flot, qu'il cherche vainement à remonter, il va périr.
Deux fois déjà il disparaît, puis revient sur l'eau, il

(1) *La Guerre au Dahomey*, par le capitaine d'infanterie de marine
Ed. **Aublet**.
(2) Corde en fil d'acier avec laquelle on avait établi le va-et-vient.

semble à bout de forces. Rien sous la main pour lui venir en aide. Lancer une pirogue, elle aura le même sort que la précédente. L'homme est à vingt mètres de nous. J'aperçois une corde d'attache sur la berge ; d'un bond, je cours la ramasser et l'apporte au commandant Villiers qui, enroulant fortement une extrémité autour de son bras, lance le cordeau vers le malheureux qui se noyait. Celui-ci réussit à en prendre l'extrémité et à revenir à la berge, complètement rompu.

Aussitôt sur pied, ce noir fit son action de grâce ostensiblement, en se signant deux fois.

M. Tinayre, reporter du *Monde illustré*, assis sous un baobab, dessine consciencieusement le passage du fleuve, pendant que le capitaine de Fitz-James grimpe sur un arbre transformé en mirador. Il n'y reste pas longtemps, couvert de fourmis et noir comme un tofani, il est obligé de se déshabiller complètement pour se débarrasser de ces sales petites bêtes qui, furieuses d'avoir été dérangées, se vengent impitoyablement en se livrant sur lui à une sarabande infernale.

À deux heures, une partie de la cavalerie est passée. Le lieutenant Basset, des spahis, reçoit l'ordre d'éclairer la reconnaissance, composée d'un peloton de la légion étrangère (lieutenant d'Urbal) et d'une compagnie de tirailleurs haoussas (capitaine Sauvage), qui doit se porter à deux kilomètres du bivouac, vers Poguessa, tout en évitant de s'engager.

La reconnaissance partie, nous installons le bivouac. Il faut saper dur, car nous sommes dans des taillis très épais et des hautes herbes.

Aussitôt l'Ouémé passé par le premier groupe, le feu avait été mis au village de Gbédé, rive droite. Peu après le départ de la reconnaissance du capitaine Sauvage et des lieutenants d'Urbal et Basset, le vent s'éleva violent, emportant dans sa course des tisons encore allumés. Un vaste incendie se déclara autour de nous, terrible et menaçant. Rapidement nous jetons à terre les cases, les tentes, les arbres et les arbustes, les herbes sont arrachées, laissant entre nous et l'incendie un sillon de vingt mètres. Après une heure de lutte, nous nous rendîmes maîtres du feu. Les ruines du villages furent inondées et des sentinelles furent placées.

Dans sa reconnaissance vers Poguessa, le lieutenant Basset suivait un sentier étroit, à proximité du fleuve, son maréchal-des-logis, Samba N'Diaye, et deux Sénégalais, marchaient en tête du peloton, en pointe d'avant-garde, à environ cent cinquante mètres.

A deux heures et demie, une vive fusillade éclata dans la direction suivie par la reconnaissance, le lieutenant Basset était tombé sur les avant-postes dahoméens, et malgré les ordres reçus de ne point s'engager, avait été forcé de tenir l'ennemi en respect jusqu'à l'arrivée des compagnies de légion et de tirailleurs qui devaient protéger sa retraite.

D'un saillant de la rive droite, nous apercevons sous bois la reconnaissance rentrant au pas. Le commandant Villiers, le capitaine de Fitz-James, nous tous, le cœur serré, nous comptions nos camarades défilant en file indienne entre les palmiers géants, les baobabs, les roniers, les bentaniers.

« — Un des nôtres manque, dit le commandant Villiers.

« — Lequel ?

« — Ce n'est pas Basset, je l'aperçois en tête.

« — Tiens, un cheval seul, dit le capitaine de Fitz-James. »

Encore quelques centaines de mètres à parcourir et le lieutenant Basset arrive près du commandant, très affecté, le visage défait, il conté par le détail toutes les émotions par lesquelles il vient de passer.

« — Samba N'Diaye est mort, » dit-il d'une voix caverneuse, et, les yeux fixés au sol, il ajouta : « Je n'ai pu reprendre son corps des mains de l'ennemi. »

« En quittant le bivouac, je prenais la direction nord-ouest, me faisant précéder du maréchal-des-logis Samba N'Diaye ; environ à trois kilomètres d'ici, Samba m'envoie prévenir qu'il a aperçu quelques Dahoméens et qu'il s'avance dans leur direction. Je fis immédiatement diminuer les distances qui nous séparaient. Samba entrait dans la forêt, je le perdis bientôt de vue. Deux minutes s'écoulèrent, un coup de fusil partit. Je connaissais le courage de Samba, je savais très bien que s'il ne rencontrait que quelques hommes il chargerait sur eux et les sabrerait. Ce que j'avais prévu s'était passé. Un noir vint au galop me dire que le maréchal-des-logis était tombé sur deux pièces d'artillerie, qu'il avait tué les Dahoméens qui les défendaient et désirait des hommes pour les enlever. Ceisson me demanda d'aller prêter main-forte à son camarade : Prenez dix hommes avec vous et faites vite, lui dis-je. Ceisson partit au galop, mais une vive fusillade éclatait au même instant, et les balles sifflaient autour de nous. Au sortir de la sente que suivait ma

Aussitôt l'Ouémé passé par le premier groupe, le feu avait été mis au village de Gbédé. (Page 185.)

reconnaissance, dans les hautes herbes, la fusillade de l'ennemi redoubla.

« C'est alors que je vis Ceisson arrêté avec ses dix hommes. Un corps couché à terre me parut être celui de Samba. Au galop! commandais-je ; en une seconde, au milieu d'une grêle de balles, nous étions près du groupe. J'avais bien devant moi ce pauvre Samba N'Diaye, couché la face contre terre, ne donnant plus signe de vie. Ceisson, tête nue, une balle venait de jeter son casque à terre, aidé d'un noir, essayait, mais en vain, de soulever le corps de son camarade. Touché en plein cœur, la mort avait été foudroyante. Samba, vu sa taille, était très lourd ; malgré tous ses efforts, Ceisson ne parvint pas à le soulever.

« Les Dahoméens arrivaient, poussant des cris épouvantables, brandissant leurs coupe-coupe et tirant sur nous. Etant dans un terrain où mes cavaliers ne pouvaient rien que de se faire massacrer les uns après les autres, je donnai l'ordre de se replier. Il était temps. Un petit groupe de Dahoméens nous avait tournés et nous barrait le sentier par lequel nous étions arrivés. Une balle qui m'était destinée, vint frapper le cheval de Makodou Faye, qui était à un mètre derrière moi. Aussitôt celui-ci se jette devant moi pour me protéger et tue d'un coup de fusil le Dahoméen qui nous barrait le passage.

« Ceisson avait eu le temps d'arracher à Samba N'Diaye sa décoration et de prendre ses armes, il nous rejoignait au galop, quand une deuxième balle lui coupa le haut de l'oreille gauche.

« L'infanterie arrivait, je me repliai. Je pense qu'elle

nous rapportera le corps de ce malheureux Samba N'Diaye. »

En écoutant ce récit, le sang bouillonnait dans nos veines, nos cœurs battaient une générale désordonnée, je vis perler dans les yeux du commandant Villiers une grosse larme qui vint rouler sur le ruban rouge de sa croix d'honneur.

Samba N'Diaye était pour nous tous une vieille connaissance, un vieil ami. Le commandant Villiers l'avait connu lorsqu'il commandait l'escadron sénégalais, c'était lui qui l'avait nommé maréchal-des-logis et l'avait fait médailler pour sa belle conduite, dans les colonnes du Haut-Fleuve, il l'aimait beaucoup et sa mort l'avait péniblement affecté.

« — C'est la première fois, dit-il, depuis que je commande des troupes noires, que je laisse entre les mains de l'ennemi le corps d'un de mes hommes. Qu'on m'amène un cheval. »

Voyant derrière lui un cheval encore harnaché, il saute dessus et part au galop, seul, dans la direction de la forêt.

« — Où va Villiers? dit le colonel Dodds, » qui se dirigeait vers notre groupe.

Mis au courant de l'affaire, le colonel Dodds fait monter à cheval un officier de son état-major lui donnant l'ordre formel de ramener le commandant.

La mort d'un des nôtres nous affecta beaucoup et les spahis sénégalais jurèrent de le venger.

Un courrier venu de France changea le cours de nos idées. Pour la première fois, depuis que j'avais mis le pied sur la côte occidentale d'Afrique, je recevais des nouvelles du pays blanc, des nouvelles de la famille, des amis.

Dans un pays où les sensations sont multiples, où les émotions se succèdent rapides comme l'éclair, où la journée qui va suivre ne ressemble en rien à celle qui vient de s'écouler, où tout est nouveau, et jamais renouvelé, on oublie vite que là-bas, bien loin, à plusieurs centaines de lieues, on a une famille qui vous chérit, et qui chaque jour attend, avec impatience, le passage du messager de l'heur et du malheur, l'arrivée du courrier et de la gazette, qui vous tiendront au courant, d'une façon générale, de ce que font vos fils, vos frères et vos époux.

Ah! béni soit l'instant où l'on vous remet ce petit pli enveloppé et timbré qui renferme tant d'affectueux souvenirs, tant de bonnes paroles, tant de bons conseils et qui vous rappelle que vous n'êtes point seul au monde, que les vôtres souffrent moralement de vos souffrances physiques, que vous êtes aimé, et que l'heure du retour sera l'heure de la joie et du bonheur à la maison paternelle ou au foyer conjugal.

Quelle mélancolique soirée que celle du 2 octobre! Nos spahis sont tristes, sous chaque tente, on conte les exploits de Samba N'Diaye, et aucun ne veut croire qu'il a été tué et que nous ne le verrons plus.

J'ai remarqué le changement qui s'était opéré chez mes hommes. Cette gaîté franche et habituelle s'est éteinte, tous rentrent sous leurs tentes ou dans leurs cases, les rires enfantins qui m'ont souvent diverti sont finis, plus rien, le calme le plus complet préside dans notre coin aux dernières occupations de la journée.

Si nous ne remontons pas le moral de nos Sénégalais, c'est fini.

Le commandant Villiers, les lieutenants de Tavernost et Basset sont heureusement grands maîtres en la matière.

Le génie a travaillé toute la journée et la nuit peut être très tranquille, chaque face est protégée par deux pièces d'artillerie, les avant-postes sont plus nombreux que les jours précédents. La flotille elle-même veille à notre sécurité.

CHAPÎTRE VIII

Sur la rive droite. — Combat de Gbédé.

La malechance s'en mêle, nous apprenons une triste nouvelle à notre réveil : l'ami de la colonne a disparu. Un magnifique chien, aimé, gâté et choyé par tous nos spahis, a été happé pendant la nuit par un caïman. *Pernod*, le fidèle compagnon de l'escadron sénégalais, s'était faufilé sur le bateau à Dakar, et avec un instinct rare, il ne s'était montré qu'au bout du troisième jour de traversée, venant chercher une caresse près de chacun et faisant des yeux si doux, qu'on ne pouvait lui refuser ce qu'il vous demandait.

Pernod avait plus d'une campagne et ses états de service étaient légendaires, à Dakar, à Saint-Louis et à Kayes.

Aimant l'eau, il y prenait ses ébats, se délassant des fatigues de la journée. *Pernod* était descendu, la nuit dernière, prendre son bain habituel. La lune disparaissait derrière un nuage, la nuit était noire. Le factionnaire placé sur la berge entendit au-dessous de lui le clapotis du fleuve, la lune reparut de nouveau. Une large tache de sang teinta l'eau du fleuve, s'élargit, devint plus claire, puis disparut : *Pernod* venait d'être happé par un caïman.

Véritablement, tout est fait pour laisser une mauvaise impression à nos noirs superstitieux en diable.

Un fait qui prouve jusqu'où va la superstition chez ces peuples à peine civilisés me revient à l'esprit. A Porto-Novo, le commandant Villiers fit tirer les chevaux, par ordre d'ancienneté des cavaliers. Samba était en corvée, et par une négligence absolument involontaire, on oublia de tirer pour lui. L'opération dura environ une heure ; il ne restait plus qu'un cheval lorsque Samba arriva, on le lui donna.

Ce n'est pas parce que le cheval ne valait rien qu'il n'avait pas été pris, mais parce qu'il avait une pelote en tête, quelques poils blancs sur le chanfrein. C'est un indice de guigne, paraît-il, pour nos Sénégalais, ce cheval devait porter malheur à celui qui le monterait.

Samba avait des idées plus larges, depuis qu'il était venu à Paris à l'exposition de 1889, les préjugés de ses concitoyens le faisaient rire. Aussi prit-il sans sourciller la monture qui lui était échue.

Vers deux heures, je reçois l'ordre de me mettre avec six hommes, à la disposition du commandant Gonard, chef d'état-major de la colonne, pour lui servir d'escorte.

Le camp de Tohoué est toujours visé, l'ennemi prévenu de notre arrivée par les reconnaissances de la veille, va changer ses dispositifs. Il faut aller vite, et tourner leur position. Le seul chemin qui existe n'est pas praticable à l'artillerie, au convoi, aux voitures Lefèvre. Il faut travailler dans la brousse et dans la forêt vierge, pour arriver à tracer une route d'environ quinze cents mètres qui permettra à une partie de la colonne de s'écouler par là.

Une demi-section du génie, cent vingt porteurs munis de coupe-coupe, protégés par la compagnie Jouvelet, se dirigent vers l'ouest. Boussole en main, le lieutenant Mouneyres guide les sapeurs du génie. Un coup de hache en passant marque les arbres qui doivent être abattus. Les porteurs achèvent la besogne tout en marchant, c'est-à-dire qu'il n'y a aucun arrêt ; la tête passe difficilement, mais quand arrive le commandant Gonard et nous, un chemin de 1^m,50 de largeur nous livre passage.

A quatre heures, les travailleurs avaient fait un kilomètre. Un sentier coupait perpendiculairement notre chemin. Je reconnais ce sentier dans la direction sud avec deux spahis, le commandant Gonard et le lieutenant Vuillemot ; puis, mettant pied à terre, et pénétrant sous bois avec le lieutenant, nous marchons avec précautions, le revolver au poing. Après mille difficultés, nous arrivons dans une petite clairière à l'extrémité est de laquelle se trouvait une petite case en paillotte. Le lieutenant Vuillemot y pénètre et trouve sur le feu une calebasse dans laquelle mijotait du maïs. A terre un fusil et des cartouches ; assurément, les habitants n'étaient pas loin ; placés là peut-être en vedettes avancées, étaient-ils allés prévenir au camp dahoméen. Nous filons rapidement, laissant la trace de notre passage, en culbutant la marmite et en emportant fusil et munitions.

A cinq heures, nous étions de retour au bivouac, une route superbe et carrossable de 1,500 mètres sous bois permet à la colonne d'arriver à hauteur et parallèlement à Tohoué, puis de se rabattre par un mouvement tournant sur le camp dahoméen.

4 Octobre.

Cette journée a été pour beaucoup d'entre nous, celle du baptême du feu. Pendant cinq heures, exposés aux balles dahoméennes dans une forêt impénétrable, entendant gronder le canon à 1,500 et 2,000 mètres, voyant les obus passer au-dessus de nous, avec leurs sifflements aigus, nous donnant froid jusque dans les moelles ; tout cet orchestre des grandes batailles nous avait fortement troublés.

Aux premiers coups de feu, un tremblement fébrile nous secoua des pieds à la tête, nos nerfs se détendirent, puis nos doigts se crispèrent sur nos armes.

Immobiles et muets, pied à terre, nous attendions, impatients, le moment où à notre tour nous pourrions faire parler la poudre. Blêmes, non pas de peur, mais d'émotion, flageolant sur nos jambes, à chaque passage d'obus, nous inclinions involontairement la tête.

Le commandant Villiers avait prévu le cas, et, pour fêter le baptême du feu des jeunes, avait fait mettre dans ses fontes deux bouteilles de champagne.

Au bruit de la mitraille, au crépitement des balles venant s'aplatir contre les troncs énormes, au bruit sec des branches cassées, sous la pluie d'éclats d'obus, les bouteilles furent débouchées.

Je fus de la fête, humblement j'approchai mon quart où le vin blond moussa. La chaleur était accablante, à peine avais-je trempé mes lèvres, que grisé par l'odeur de la poudre et les fumées de ce vin généreux, je retrouvai complètement mon aplomb et mon sang-froid.

Les premiers éléments de la colonne s'étaient mis en marche dès six heures du matin, employant la route ouverte la veille ; à deux kilomètres du camp notre avant-garde fut attaquée.

« Nous formions ainsi, dit le commandant Laserre, une série de petites colonnes marchant parallèlement à une douzaine de mètres d'intervalle les unes des autres ; en tête de chacune de ces colonnes, quelques tirailleurs, armés de sabres d'abatis et de hachettes, abattent les herbes ou branchages et frayent ainsi les chemins par où passe la troupe. L'herbe est tellement épaisse, haute et touffue que ces petites colonnes ne peuvent se voir en marchant. Les chefs de sections poussent de temps en temps des cris d'appel pour rester en liaison et conserver leurs intervalles.

« Vers huit heures et demie, les têtes de colonne reçoivent quelques coups de fusil ; les sections se déploient immédiatement, tant bien que mal, à travers les hautes herbes ; elles ne tardent pas à se souder et à former une ligne continue.

« Les tirailleurs à genoux, presque couchés, répondent sans se troubler au feu de l'ennemi toujours invisible. Je m'approche du capitaine Bellamy pour lui donner quelques ordres et je m'éloigne aussitôt ; mais à peine avais-je fait quelques mètres que je vois le capitaine chanceler et tomber. Je reviens à lui : il est tombé raide mort, frappé d'une balle dans la région du cœur. Le sous-lieutenant de la compagnie, M. Basano, vient à moi

en même temps, le bras pendant, la poitrine ensanglan-
tée (1).

« J'appelle le lieutenant en premier, M. Passaga, pour
lui donner le commandement de la compagnie et lui
prescrire de remplacer immédiatement le sous-lieutenant
Basano à la tête de sa section ; puis je m'éloigne vers
l'arrière. J'avais à peine fait une douzaine de mètres que
je ressens sur le flanc droit comme un grand coup de
bâton qui me fait pivoter et me jette à terre sur le côté
gauche. J'essaie en vain de me relever ; mon adjudant
d'état-major, l'adjudant Schmaker, court vers moi avec
l'intention probable de me secourir, mais il tombe lui-
même (2). Mon ordonnance noir, le tirailleur sénégalais
Demba, prend dans ma poche le pansement individuel
dont nous étions tous munis, me panse aussi bien qu'il
peut, s'éloigne et revient bientôt avec un cadre et six
porteurs.

« On me charge sur le cadre et me voilà en route pour
l'ambulance du champ de bataille, escorté du fidèle
Demba. Nous avons à parcourir quatre cents mètres
environ. Aux deux tiers de la route, nous avons à traverser
une zone dans laquelle les balles sifflent avec intensité.
Mes porteurs, affolés, jettent le cadre sur lequel je suis
couché et se couchent eux-mêmes à plat ventre. Demba
les relève à coups de crosse et nous repartons pour l'ambulance, où nous ne tardons pas à arriver. »

« Le lieutenant Vuillemot, de l'état-major, écrit
M. d'Albéca, est envoyé à l'arrière pour chercher une

(1) Le lieutenant Basano devait mourir quatre jours après, des suites
de ses blessures.
(2) L'adjudant Schmaker mourut le lendemain.

compagnie de tirailleurs et la section d'artillerie Jacquin.

« L'ennemi étant très près et ne sachant utiliser la hausse tire mal. Le point de chute des balles est éloigné du premier rang, mais les officiers qui portent les ordres et les réserves courent les plus grands dangers. En revenant près du colonel, Vuillemot aperçoit un être à figure informe, complètement ensanglanté, se tenant la mâchoire dans la main gauche et lui disant : Adieu ! Adieu ! C'était ce brave Ferradini, notre plus gai compagnon d'armes, notre photographe.

« Ce bon camarade, en allant communiquer des ordres, était tombé, la mâchoire fracassée et la langue traversée. Evanoui, Ferradini (1) allait mourir, isolé dans ce coin de brousse sauvage, lorsqu'un tirailleur sénégalais, passant au pas de course, le reconnaît, et, sans aucun ménagement, sans ombre de respect, le jette sur ses épaules, la tête en bas. Dans sa précipitation et à son insu, le soldat avait sauvé la vie à l'officier, qui pouvait expirer d'un moment à l'autre, étouffé par le sang aggloméré dans ses poumons. Une abondante hémorrhagie détermina un mieux sensible et permit son transport à l'ambulance. »

Le lieutenant Amelot, de la légion étrangère, né à Lorient le 10 mai 1857, engagé volontaire à dix-huit ans dans l'infanterie de marine, nommé sous-lieutenant au cours de la campagne du Tonkin, titulaire de deux médailles d'honneur qui lui furent remises pour récom-

____

(1) M. Ferradini est aujourd'hui complètement remis de sa douloureuse et terrible blessure. Armé d'une volonté de fer, renouvelant le procédé de Cicéron, il est arrivé à combattre son défaut de prononciation dû à sa machoire fracassée.

penser deux actes de sauvetage, avait donné sa démission
pour se marier; ayant repris du service, il appartenait
depuis dix mois à la légion étrangère. A peine avait-il
accompli le mouvement prescrit par le commandant
Laserre qu'il tombe mortellement blessé et expire à l'ambulance après une demi-heure de cruelles souffrances.

Le capitaine Bellamy, sorti de Saint-Cyr dans l'infanterie de marine, avait antérieurement servi au Tonkin, où
il avait été cité à l'ordre du jour. Capitaine d'infanterie
de marine depuis le 21 février 1888, attaché au 6e régiment à Brest, il avait été envoyé au corps expéditionnaire
sur sa demande. Marié tout récemment, sa jeune femme
lui écrivait tous les jours une longue lettre. Le 3, vers
huit heures du soir, allant communiquer des ordres au
capitaine Bellamy, je le trouvai accroupi sur son lit, lisant
à la lueur d'une chandelle fumeuse la tendre correspondance de son épouse aimée, correspondance reçue par le
courrier de la veille. Il interrompit sa lecture pour prendre
connaissance des ordres de la journée du 4, puis, entendant
le coup de sifflet, signal du repos, il éteignit sa bougie,
remettant au lendemain la lecture de ses chères lettres.
Hélas! il ne devait pas en connaître la suite, la mort le
guettait, et le 4, à neuf heures quinze du matin, il tombait
sur le champ de bataille, mourant, comme ses camarades,
pour sa patrie et pour son drapeau.

A onze heures, le feu cesse par suite de la fuite de
l'ennemi. A une distance de moins de vingt-cinq mètres de
la partie où sont tombés le capitaine Bellamy, le lieutenant
Bosano, le commandant Laserre, l'adjudant Schmaker, on

relève un grand nombre de cadavres d'amazones, armées de carabines Winchester.

« Nos troupes ont eu, dans cette journée du 4, affaire à 10,000 Dahoméens commandés par Behanzin. A plusieurs reprises, les amazones chargèrent nos carrés avec une intrépidité et un courage remarquables.

Un témoin oculaire a qualifié leur attitude en disant « qu'elles ressemblaient à un mur d'acier. »

Ni nos canons, ni notre mitraille, ni les feux de salve des Lebel et des Gras ne les arrêtaient. Il fallait le courage et le sang-froid de nos soldats pour soutenir un pareil choc. Les officiers eurent beaucoup de peine à les retenir, tous voulaient charger à la baïonnette cette ava-lanche d'ennemis.

« Après que nos troupes eurent soutenu trois charges, Behanzin donna le signal de la retraite, qui s'effectua au milieu du désordre le plus complet, abandonnant plus de 200 morts, dont 20 amazones, et plus de 200 fusils à tir rapide.

« De notre côté, nous avions 8 tués, dont 5 Européens et 3 tirailleurs sénégalais, 33 blessés, dont 20 Européens (1). »

A onze heures et demie, nous étions arrivés sur les retranchements de Tohoué ; un repos de quelques heures fut donné aux troupes, pendant lequel nous nous portons sur la ligne où le feu avait été le plus meurtrier. Derrière d'énormes arbres, des monceaux de cadavres étaient entassés. Le fusil Lebel avait fait des siennes et avait montré aux Dahoméens que, même cachés et à l'abri, il aurait raison d'eux.

(1) *Campagne du Dahomey,* par Jules POIRIER.

J'ai compté jusqu'à douze cadavres derrière le même arbre. Les blessures étaient horribles à voir : lorsque la balle rencontre un os, celui-ci est pulvérisé, broyé ; les chairs aux alentours sont mâchées. C'était un spectacle écœurant. Hommes, femmes, pêle-mêle, étaient couchés sur le sol ensanglanté, et en partie cachés par les herbes. Je ramassai, à côté d'une amazone tuée, quelques cartouches et un petit bracelet de verroteries.

Sous une case, près de l'Ouémé, le commandant Villiers, le capitaine de Fitz-James, M. Tynaire et Ahmed, l'interprète, racontent ce qu'ils ont vu.

Tout près d'eux, jetant rapidement sur mon album un croquis des lieux, j'écoute Ahmed qui est fort intéressant.

Ahmed, indigène de Porto-Novo, était petit, laid, mal fait ; seuls, ses yeux dénotaient une grande intelligence. Elevé chez les Pères blancs, il avait appris le français et le parlait couramment. Recommandé comme guide et interprète, il fut affecté spécialement à la cavalerie.

Pris en 1890 dans une razzia faite par les Dahoméens aux environs de Porto-Novo, il avait été amené à Abomey comme esclave ; ayant su attirer l'attention sur lui et ayant obtenu la protection d'un chef dahoméen, son martyre ne fut pas trop dur. Consciencieusement, patiemment, pendant six mois il travailla à son évasion, mais l'exécution en était difficile. Il réussit cependant à descendre jusqu'à l'Ouémé, cherchant une pirogue pour fuir. Sa dernière planche de salut lui manqua au moment où il croyait être sauvé. Tombé de nouveau dans un groupe de maraudeurs du roi, il fut ramené à Abomey, reconnu et désigné pour les réjouissances publiques. Pendant quatre

Sous une case, près de l'Ouémé, le commandant Villiers...

jours, attaché à un poteau devant le palais de Behanzin, il servit d'amusement aux femmes et aux enfants. Dans des rondes échevelées, pareilles à des furies, les amazones le lardaient avec de petits poignards, et les enfants venaient ensuite mettre dans la plaie de petits piments rouges.

Le lendemain, c'était un nouveau jeu de tortures. « Je réclamais la mort, disait-il, je l'appelais du fond du cœur. A bout de forces, souffrant atrocement, je m'évanouis au déclin du jour et glissai le long de mon poteau, le seul confident de mes tortures depuis longtemps ; lorsque j'ouvris les yeux, je me trouvai dans un grand souterrian, au milieu d'un charnier. Tout, autour de moi, n'était que crânes, tibias décharnés et torses encore chauds, couverts de sang épais et coagulé. Par une ouverture placée au-dessus de ma tête, un faible rayon de lumière éclairait ce tableau macabre. Je réunis toutes mes forces, et, dans cette puanteur qui m'étreignait la gorge, j'attendis patiemment que la nuit vint jeter un voile sur toutes les horreurs qui m'entouraient. Je risquais d'autres supplices, je risquais ma tête et ma vie. J'aimais mieux en finir de suite et me livrer à mes bourreaux. Une lueur d'espérance me restait cependant, je savais par expérience et pour l'avoir vu souvent, que le peuple dahoméen, après ses fêtes des coutumes, après ses enivrements de sang et d'alcool, tombait dans une prostration et dans un hébétement complets. Les flaques de sang dans lesquelles je marchais, tous ces corps abominablement mutilés que je heurtais en cherchant la sortie et qui me faisaient un si funèbre cortège, m'indiquaient que les fêtes avaient été grandioses de sauvagerie.

« J'arrivai au seuil de la caverne macabre, et passant sur le corps des gardiens endormis, je sortis d'Abomey sans avoir été éventé. Privé de nourriture depuis cinq jours, le corps meurtri et couvert de cicatrices brûlantes, je marchai toute la nuit et me jetai dans la forêt, cherchant cette fois à éviter le fleuve sur les rives duquel les villages sont nombreux. Je me nourris pendant huit jours d'herbes, de racines et de quelques fruits, marchant toutes les nuits, me reposant au sommet d'un palmier pendant le jour. Enfin le territoire de Porto-Novo me revoyait, j'étais chez des amis, je pus me faire comprendre et demander une nourriture plus substantielle. Mes terreurs s'évanouirent peu à peu, la liberté était là, je retrouvai mes forces, mon courage ne m'abandonna point et j'arrivai à Porto-Novo après sept mois de captivité.

« Lorsque je sus que les Français venaient faire la guerre à Behanzin, je suis venu me mettre à leur service, et si nous entrons à Abomey et nous prenons Behanzin, je serai vengé et pourrai mourir content. Ah ! j'ai bien souffert, allez, je ne sais pas comment je suis encore de ce monde. »

Ce pauvre Ahmed nous avait tenus sous le charme de sa parole pendant une grande demi-heure. Ceisson, qui venait de rouler dans la brousse en quête d'histoires et d'anecdotes, m'en rapportait quelques-unes que j'enregistrai de suite :

Le commandant Laserre venait d'être blessé, le capitaine Bellamy, tué, les lieutenants Bosano et Amelot, blessés mortellement, les Dahoméens s'avançaient précédés du *Bigo*, hurlant en agitant une queue de cheval, gri-

gri protecteur et insigne de commandement : « *Koia! Koia!
Dahomé.* » Une amazone s'était jetée sur un légionnaire,
d'un coup de dent lui avait coupé le nez, un voisin la tua
d'un coup de baïonnette.

Le capitaine Battreau, commandant la 1ʳᵉ compagnie
de la légion étrangère, avait essuyé un coup de feu presque
à bout portant ; le revolver au poing, il se jeta dans la
mêlée, un corps à corps terrible s'engagea ; les amazones,
toujours en avant, poussaient leurs cris de guerre et
venaient mourir au pied de nos hommes. Le capitaine
Battreau, entraînant ses légionnaires, se battait comme un
lion. Le nombre d'ennemis qu'ils avaient étendus sur le
sol démontrait bien l'acharnement avec lequel lui et ses
hommes s'étaient battus. Lorsque tout à coup il aperçoit
un Dahoméen, à moitié masqué par un fromager, qui le
met en joue, il ne perd pas de temps, se précipite sur lui et
lui loge une balle dans la tête. Homme et fusil viennent
rouler au pied du capitaine, qui se baisse pour ramasser
l'arme de son adversaire et s'écrie : « Tiens ! le chassepot
avec lequel j'ai fait la campagne de 1870. Je le reconnais à
la crosse brisée par une balle prussienne à la bataille de
Saint-Privat. C'est bien le matricule aussi. Ah ! qui m'eût
dit que je retrouverais ici l'arme avec laquelle je fis le coup
de feu comme sous-officier il y a vingt-deux ans. » Le
pauvre capitaine était tout heureux, il demanda l'autorisation de conserver cette relique ; le cas était tellement
extraordinaire et de si tristes souvenirs se rattachaient à
cette arme, qu'elle lui fut laissée.

Le combat terminé, les troupes prenant leur repos, le
colonel Dodds, son état-major et sa faible escorte se

jetèrent sous bois pour voir l'endroit où l'action avait été la plus chaude dans la matinée et où tant de braves officiers et soldats avaient trouvé la mort. La brousse épaisse ne permettait d'avancer que difficilement ; les légionnaires escortant le colonel faisaient, à coups de sabres d'abatis, un sentier permettant de passer à cheval. Les morts et les blessés jonchaient le sol, les mares de sang prouvaient qu'un grand nombre de victimes étaient tombées là et que les camarades avaient emporté leurs cadavres. Quelques Dahoméens respiraient encore, on les laissa mourir, nos ambulances étaient combles et le service médical sur les dents.

Un superbe légionnaire, ancien déserteur des cuirassiers blancs allemands, que je connaissais pour l'avoir souvent rencontré pansant un cheval de spahi ou prêtant main-forte à un conducteur lorsqu'il fallait bâter un mulet, pousse un formidable rugissement, en faisant un bond de trois mètres. Ce colosse venait de voir briller à travers les hautes herbes le canon d'un fusil braqué sur le colonel Dodds. Il ne donna pas le temps au Dahoméen de lâcher la détente, d'un coup de coupe-coupe il lui trancha la tête et sauva d'une mort certaine notre grand chef.

Complimenté par tous et chaleureusement félicité par le colonel Dodds, il fut proposé pour la médaille militaire.

A trois heures et demie, nos batteries tirent à deux cent cinquante mètres à mitraille, balayant la forêt et les hautes herbes. Le *Corail* et l'*Opale*, par leurs feux d'enfilade, rasent, perpendiculairement à notre direction, tout ce qui sort de la forêt.

La légion est en fête, grisée par les succès de la matinée, elle se remet en marche le cœur content. Elle vient d'ouvrir sur son livre d'or une nouvelle page et d'inscrire une nouvelle victoire.

La tête de la colonne est au camp de Tohoué, les troupes d'infanterie s'y installent pour la nuit, les feux sont déjà allumés quand nous arrivons, nos camarades du génie prennent le café.

Bia ne perd pas de temps, et en un tour de main les caisses à vivre sont ouvertes, la soupe faite. A huit heures la journée est finie.

CHAPITRE IX

En Reconnaissance.

5 Octobre.

Assis sur ma selle de spahi, les jambes croisés à la turque, je jette sur mon carnet, suivant la promesse que je me suis faite, et aussi fidèlement que possible, mes impressions de la journée.

Ce matin à quatre heures, branle-bas de combat. La légion étrangère, qui forme la première face du bivouac du côté de l'ennemi, est déjà dans les tranchées-abris qu'elle a établies aussitôt son installation au bivouac, hier au soir.

La tenue de la nuit n'a pas encore été quittée, les hommes sont en vareuse de laine, pantalon de molleton bleu foncé et ceinture de laine bleu clair sous le vêtement, le collet relevé pour se garantir de l'humidité du matin.

Le jour commence à se lever.

Quelques feux discrets, cachés par des rameaux de palmiers, sont allumés en arrière de la tranchée-abri pour la préparation du café.

Les avant-postes se sont repliés ; on est dans l'attente, on craint une attaque matinale, comme à Dogba.

Les cœurs battent sous l'uniforme, on serre son fusil avec amour dans ses bras; les batteries en sont minutieusement inspectées et les culasses huilées. Les mains, avec un mouvement fébrile, cherchent dans les gibernes si les cartouches y sont.

Le silence le plus sévère est recommandé, on n'entend que les chevaux qui s'ébrouent et saluent à leur façon l'arrivée du jour.

Nous sommes environ trois mille hommes, tant combattants que porteurs noirs.

La cavalerie forme la quatrième face du carré. Elle est toujours la moins exposée au bivouac, en raison de ses impedimenta et de ses chevaux. En avant, elle est protégée par la légion étrangère; à droite, par la légion et les tirailleurs sénégalais; à gauche, par la légion et les tirailleurs haoussas; en arrière, par le Zou, affluent rive droite de l'Ouémé. Le génie est sur la même ligne que nous, à notre droite.

Chaque angle du carré est défendu par une pièce d'artillerie.

A notre arrivée au camp dahoméen, hier au soir, ce n'était que hautes herbes, broussailles, ronces. Aujourd'hui, l'aspect en est bien changé, le coup d'œil est pittoresque et me rappelle les descriptions que je lisais étant jeune, dans les romans de Cooper, *les Trappeurs de l'Arkansas*. Je voyais ces grandes caravanes s'enfonçant dans les forêts vierges de l'Amérique, à la recherche de l'inconnu. J'avais rêvé, tout petit, ces expéditions, et maintenant j'en ai sous les yeux le tableau réel. Huttes, cases, paillottes, tentes, forêt vierge, arbres immenses, brousse, hautes herbes, rien n'y manque. Grouillant

Assis sur ma selle de spahi... (Page 211.)

au milieu de cette végétation luxuriante, au milieu de ces constructions d'une heure, dans ce semblant de village, une multitude de gens silencieux, vaquant à leurs occupations, de soldats armés, de chevaux harnachés.

Une tente plus grande et plus confortable marque le centre du bivouac, c'est la tente du colonel Dodds.

Enroulé dans mon burnous, mon capuchon (guel-

Mon ordonnance sénégalais Baba-Ba.

mouna) et ma schéchia abaissés sur les yeux, je dormais profondément, quand je me sentis secouer de main de maître.

— Qu'est-ce ? Qu'y a-t-il ? Les Dahoméens ? Une attaque ?

— Non, massaoudgi, c'est le commandant qui veut te parler. Je crois, ce matin, je mangerai sauvages.

— Tant mieux, mon brave, nous aurons de la viande fraîche.

— Moi manger sauvages tout seul.

En me disant cela, mon fidèle spahi sénégalais Baba-Ba me montrait ses belles dents blanches, qui auraient rendu jalouses nos plus élégantes Parisiennes, et roulait ses gros yeux ronds, qu'il savait faire si câlins quand il venait me demander de lui panser les blessures qu'il avait attrapées au Soudan, l'année précédente.

Je me dirigeai donc vers la case du commandant. Le dernier couché, le premier levé, il avait déjà fait un tour dans le camp et donné le coup d'œil du maître.

— C'est à vous de marcher ! Vous allez prendre votre peloton et irez en reconnaissance dans la direction nord-nord-ouest. Vous devez rencontrer un marigot, vous essaierez de le franchir, soit à gué, soit à la nage, soit au moyen d'un pont, et vous marcherez sur le camp retranché de Poguessa. Le capitaine Crémieu-Foa, avec un peloton de spahis volontaires, marchera avec vous. Des sapeurs du génie vous suivent pour construire un pont sur le marigot en cas de nécessité.

A cinq heures et demie mon peloton était à cheval. Je fis prendre les musettes, les cordes à fourrage, six paquets de cartouches, les peaux de bouc pleines d'eau et le pansement individuel cousu aux ceintures.

Nous partons dans la direction désignée. J'ai vingt-cinq spahis réguliers, le capitaine, vingt-cinq spahis volon-taires. Nous remontons la rive droite de l'Ouémé, dont les berges escarpées ont quatre mètres de hauteur et sont minées à certains endroits par les eaux. Notre sentier a à peine un mètre de largeur ; à notre droite, de hautes herbes très épaisses et quelques palmiers ; à notre gauche, l'Ouémé roule ses eaux jaunes et vaseuses.

Enroulé dans mon burnous, je dormais profondément. (Page 215.)

Un brigadier et deux hommes ouvrent la marche à cinquante pas en avant de ma reconnaissance. Ma boussole et ma montre en main, chevauchant avec beaucoup de précautions, fouillant à gauche si aucun indice révélateur ne vient me signaler la proximité de l'ennemi, je traçais rapidement sur mon calepin le petit *topo* du pays, que je devais remettre à l'état-major à mon retour.

Tout à coup, mes deux hommes et mon brigadier s'arrêtent. Je vois ce dernier, debout sur ses étriers, me faisant signe d'approcher ; je suis rapidement près de lui. Du bout de ma carabine, j'écarte les herbes et suis tout étonné de rencontrer dans ce pays sauvage un visage blanc que je ne reconnais pas tout d'abord. C'est le lieutenant-colonel Grégoire, qui vient de faire une reconnaissance, seul avec un tirailleur sénégalais.

— Où allez-vous ?

— Vers le marigot et le camp retranché de Poguessa.

— Faites bien attention. Je crois que les Dahoméens ne doivent pas être loin.

Le capitaine Crémieu-Foa marche derrière mon peloton avec un guide, ancien prisonnier de Behanzin. Ce guide, enchaîné et gardé à vue par deux spahis, a des allures assez louches ; l'ordre est donné de lui brûler la cervelle à la moindre indécision et au premier demi-tour. Je me porte en avant de nouveau, après avoir fait charger les armes pour le cas de surprise.

Environ à cinq kilomètres du camp, suivant toujours mon petit sentier, je remarque sur ma gauche quelques hautes herbes foulées entre deux palmiers géants. C'est une sente à peine marquée, pareille à celle que l'on voit dans les blés de nos pays après le passage d'un animal un peu fort.

Deux ou trois branches cassées, ramassées par mes hommes, me prouvent que peu d'heures auparavant des êtres humains ont passé par là. J'appelle mon fidèle ordonnance.

— Tu vas aller sur la gauche, à vingt ou trente mètres au plus, tu regarderas si tu ne vois rien de louche et tu reviendras me prévenir immédiatement.

Ce brave noir part au galop à travers les hautes herbes. Deux minutes après, un grand bruit d'herbes froissées m'annonce son retour.

— Massaoudgi, y en a grand chemin comme ça.

Ce disant, il étend les deux bras en croix.

Je me retourne du côté de Faucoulange, brigadier-fourrier qui remplit les fonctions de maréchal-des-logis dans mon peloton. Je lui donne l'ordre d'attendre mon retour et, prenant avec moi mon ordonnance et trois spahis, je pars sur la nouvelle trace. A trente mètres de l'Ouémé, je rencontre en effet une route large de quatre mètres, défoncée par le passage de grosses roues et ayant d'énormes ornières ; mais pas de traces de pieds de chevaux. C'est la ligne de retraite de Behanzin, après le combat d'hier.

Son artillerie est donc sur affût, traînée par des esclaves et non portée à dos comme nous l'avons cru jusqu'alors.

Je laisse un spahi sur cette route pour me mettre en relation avec le reste de mon peloton. Après avoir galopé environ huit cents mètres, je viens buter contre une forêt de palmiers, sous laquelle se perd la route.

A notre droite, de hautes herbes très épaisses ; à notre gauche, l'Ouémé roule ses eaux
jaunes et vaseuses. (Page 216.)

Ayant eu l'exemple, l'avant-veille, de mon pauvre camarade Samba N'Diaye, tué à l'entrée d'une haute futaie, sans qu'on pût lui porter secours et ramener son corps, je fais demi-tour avec mes hommes pour aller chercher le reste de mon peloton et prévenir le capitaine.

Quelque chose d'anormal m'intrigue à mon retour. A quatre ou cinq mètres de la route, dans un fouillis de hautes herbes et sous un baobab, des feuilles de palmier, disposées en toiture de case, me font présumer un retranchement ennemi abandonné.

Ici, les feuilles de palmier, après vingt-quatre heures de coupe sous ce soleil des tropiques, sèchent comme si elles étaient exposées devant un foyer. Celles que je vois devant moi sont encore vertes et perlées de rosée ; elles ont donc été placées là, hier au soir, après le combat.

Ce petit retranchement a dû sûrement servir d'avant-poste cette nuit.

Je saute à terre ; le revolver au poing, je me jette résolument dans ce fouillis.

Quatre trous successifs, comme ceux que nous avons déjà vus hier, sont masqués par ces feuilles de palmier. En rampant, dans le premier de ces trous, je trouve de vieilles bouteilles vides ayant contenu de l'eau-de-vie de traite (sangara) et du genièvre que Behanzin distribue à ses troupes pour les enivrer au moment du combat. Dans le deuxième, un petit tonnelet de bois blanc contient encore la poudre. Je donne ce tonnelet à un de mes spahis et je remonte à cheval pour reconnaître la route en arrière et savoir où elle s'amorce.

— Halte-là ! qui vive ?

Je réponds à cet appel et m'approche pour reconnaître

de qui il venait. C'est le capitaine Roques, à la tête de ses sapeurs du génie, qui venait pour nous construire un pont sur le marigot. Je lui rends compte de ma trouvaille, du chemin suivi, des ornières qui étaient sur la route, du manque de pas de chevaux.

— Reprenez cette route, me dit-il, je vais vous adjoindre deux sapeurs, vingt noirs armés de coupe-coupe et quelques tirailleurs sénégalais. En cas d'attaque, jetez-vous à droite, les noirs débroussailleront et, par un chemin perpendiculaire à celui que vous suivez, vous nous rejoindrez.

Toujours séparé de mon peloton et n'ayant que superficiellement reconnu le retranchement précédent, j'y reviens pendant que se formait mon nouveau détachement.

Le capitaine Crémieu-Foa, de son côté, prévenu par moi de la route trouvée, était en grands pourparlers avec le guide, celui-ci voulait continuer sur le chemin longeant l'Ouémé, prétendant que l'autre nous éloignait du but.

Avec leur flair de chien d'arrêt et leur habitude de la forêt, les indigènes sentent mieux que nous où est le danger. Le chemin sur lequel je me trouvais devait me mener droit au marigot et, par conséquent, à un point de défense de l'ennemi. Le guide l'avait prévu ; mais il fallait reconnaître coûte que coûte. Je laissai donc le capitaine et son guide sur le petit sentier longeant l'Ouémé et je continuai mes investigations. Dans un trou que j'avais négligé primitivement de fouiller, je trouvai deux petits obus. Je rapportai triomphalement mes engins pour les mettre en sûreté.

Ces allées, ces venues, ce bruit inaccoutumé dans la brousse, les hennissements de nos chevaux, les cris inarticulés du guide avaient donné l'éveil à l'ennemi. Une fusillade très nourrie partit de tous les côtés. Au même instant, je tournais sur moi-même, abandonnant mon trophée et roulant sur le dos, une douleur très vive à l'épaule.

Il m'avait semblé avoir reçu un coup de poing formidable qui m'avait fait pivoter sur moi-même et perdre l'équilibre.

Me croyant tombé dans une embuscade, chose commune en ces pays noirs, mon brigadier-fourrier Faucoulange, avec le reste de mon peloton, vient à mon secours. Je me relève et j'ai un pied à l'étrier lorsqu'un cavalier, lancé au galop de charge, me prend en écharpe et m'envoie rouler au milieu d'un buisson de ronces, d'épines, de lianes et de palmiers. Je reste suspendu par le cou à un mètre du sol.

Je me débats comme un enragé, la liane finit par casser, mais, au lieu de me trouver sur un terrain ferme, je tombe dans un trou d'où il m'est impossible de me retirer.

Les balles sifflent de tous les côtés, les branches se cassent avec des craquements aigus, mon casque est traversé. L'ennemi s'approche. Ils sont à peine à cent mètres de moi, leurs cris de guerre me font froid au cœur. En désespéré je me cramponne aux lianes, cherchant à sortir de la situation critique où je suis pour retrouver mon peloton. La terre est labourée tout autour de moi par les balles qui se succèdent rapidement. Ils me voient. Je ne perds pas courage, et par un effort surhumain, je

finis par me sortir du trou dans lequel j'étais. La brousse
est serrée, je ne vois pas à trois mètres ; c'est un tamis aux
mailles fines, un filet dans lequel je suis pincé.

A côté de moi part un coup de fusil ; la balle passe au-
dessus de ma tête et vient s'aplatir avec un son mat contre
un palmier. C'est une amazone qui, le coupe-coupe entre
les dents, la carabine à la main, m'a vu. Elle pousse des
rugissements de bête féroce. Elle va pouvoir offrir à son
roi « un de ces mauvais blancs qui lui font si déloyale-
ment la guerre. » Ma tête va orner la porte d'honneur du
palais de Behanzin. Je vois rouge, mais j'ai le temps de
tirer et je lui fracasse la tête d'une balle de revolver.

Ce coup me sauva ; Baba-Ba, ne sachant pas où j'étais
passé, tenait toujours mon cheval et m'attendait à l'endroit
où je l'avais quitté si involontairement. Il était à quatre
mètres de moi. A la détonation de mon arme, je l'entendis
appeler :

— Massaoudgi, où es-tu ?

— Ici, lui répondis-je très faiblement, car j'étais à bout
de force.

Ecartant les herbes, Baba-Ba se pend par son étrier.
Doué d'une force herculéenne, bâti comme un centaure,
avant que j'aie eu le temps de dire *ouf*, sa main s'était
crispée sur mon dos et, avec la rapidité de l'éclair, il
m'avait enlevé, mis en travers de sa selle et était parti à
la charge. Deux secondes après, je me trouvais sain et
sauf au milieu de mon peloton.

En me revoyant, mes hommes poussèrent des cris de
joie et me demandèrent si j'étais blessé.

— Je n'ai rien, mes amis, absolument rien.

Je vois rouge, mais j'ai le temps de tirer. (Page 226.)

— « *Allah ! Allah ! Mohamed Raz ou Allah !* » (Dieu est Dieu et Mohamed est son prophète.)

Je comptai mes hommes et fis mettre pied à terre ; il en manquait un, Samba-Nor.

— Il est tombé dans l'Ouémé avec son cheval, me dit-on.

Deux hommes suffirent pour garder les chevaux dans une petite clairière à l'abri des balles et je me portai de suite en tirailleur. Quelques feux de salve arrêtèrent l'élan des Dahoméens.

Le capitaine Crémieu-Foa me rejoignit à son tour ; il fit prévenir immédiatement le quartier-général. Aux premiers coups de fusils, le colonel Dodds avait envoyé à notre secours une compagnie de légion étrangère, je lui cédai le terrain et rentrai au bivouac.

Je rentrais l'oreille basse, quand j'aperçus Samba-Nor qui, tout joyeux, vint à moi et me dit :

— Mon cheval est dans le bateau.

La flottille (canonnières l'*Opale* et le *Corail*) appuyait notre marche en avant en remontant l'Ouémé.

M. La Tourette, enseigne commandant l'*Opale*, voyant un cheval à l'eau, avait fait détacher son youyou et, sous les balles ennemies, était allé jusqu'à la berge repêcher le pauvre animal qui se noyait.

A six heures et demie je rentrais de ma mission avec tout mon monde.

J'envoyai mon rapport au quartier-général, y joignant le petit levé rapide sur lequel j'indiquai l'endroit exact où j'avais été attaqué.

Je m'expliquai bientôt la douleur ressentie à l'épaule. C'était une balle qui m'avait déchiré les chairs au-dessus de la clavicule droite. C'était insignifiant, un léger pansement phéniqué calma la douleur.

Une autre reconnaissance, sous les ordres du lieutenant Legrand, eut moins de chance que la mienne : elle rentra au camp avec un cheval blessé que l'on dut abattre à l'arrivée.

Thomeuf, toujours à la recherche d'une nourriture variée pour lui et ses hommes, vint nous demander un bifteck de cheval. Nous lui donnons pour sa section la moitié du cheval qui venait d'être abattu.

A midi, un groupe de travailleurs est chargé de débroussailler dans la direction nord, pour permettre aux troupes bivouaquées d'avoir un champ de tir assez vaste et éviter ainsi toute surprise de la part de l'ennemi.

CHAPITRE X

Le Marigot de Poguessa.

Tout est calme dans le camp, la nuit s'est passée sans grande alerte. Mais les singes pullulent dans la forêt et les factionnaires, surpris, tirent au hasard dans la direction du bruit.

Renseignements pris, le calme renaît.

Comme les jours précédents, le branle-bas de combat a eu lieu au petit lever du jour. Les avant-postes se sont repliés sans rien signaler.

Il faut cependant reconnaître le camp retranché de Poguéssa, devant lequel nos reconnaissances ont été refoulées hier. Une forte reconnaissance, sous les ordres du commandant Gonard (chef d'état-major), composée de travailleurs noirs, de tirailleurs sénégalais, d'une section d'artillerie et d'une compagnie de légion étrangère, part vers midi et demi.

Le commandant Villiers m'avait invité à déjeuner ainsi que le lieutenant Douai, des tirailleurs sénégalais ; nous finissions notre repas et sablions le champagne en l'honneur de ma reconnaissance de la veille, lorsqu'on vint prévenir le lieutenant Douai que sa section était désignée pour faire partie de la reconnaissance qui se portait vers Poguessa. Nous nous levons, trinquons une dernière fois en souhaitant à Douai bonne chance.

Le camp montrait une animation peu commune, l'état-major et les officiers commandant les différents groupes paraissaient très affairés. De quart d'heure en quart d'heure des ordres étaient donnés, des cavaliers envoyés en estafette reliaient la reconnaissance au camp et sillonnaient le terrain défriché la veille.

Vers deux heures de l'après-midi, une fusillade des plus nourries éclate : des feux de salve partent de tous côtés. L'artillerie dahoméenne répond à nos Lebel et les obus de l'ennemi sifflent au-dessus de nos têtes et tombent au milieu du bivouac. Nos porteurs noirs affolés se cachent sous les voitures et fuient dans la forêt, cherchant abri derrière les palmiers.

Le ciel se couvre de grosses taches d'encre à l'horizon qui viennent jeter la note triste au milieu de cette musique infernale. Le vent se lève, le tonnerre éclate, couvrant le bruit des pièces d'artillerie et les feux de l'ennemi ; les éclairs sillonnent les nues et au milieu de ce fracas tombe une pluie torrentielle.

Les troupes sont parties au feu en treillis et en veston de cachou, bientôt ces vêtements sont traversés et collent à la peau. La légion, arme d'élite, n'est pas arrêtée pour si peu, la rage au cœur, elle se bat avec fureur.

La reconnaissance arrive enfin sur les bords du marigot de Poguessa, là où hier ma reconnaissance fut obligée de faire demi-tour.

Le feu est meurtrier, les hommes tombent, les rangs s'ouvrent, les réserves bouchent les trous.

Les officiers, le revolver au poing, entraînent leurs troupes et font leur devoir en vrais soldats.

Un cri déchire l'espace. Douai tombe en arrière dans les bras d'un de ses tirailleurs sénégalais ; frappé au front d'une balle mortelle, il expire sur le coup.

Farail, lieutenant à la légion, a les cuisses traversées de part en part et continue, malgré ses horribles blessures, à entraîner sa section par son exemple.

La pluie tombe toujours avec force, le sol est détrempé, les hommes glissent et avancent péniblement. Les difficultés du terrain, la brousse épaisse empêchent le commandant Gonard de donner un assaut final.

Au bivouac, à quatre kilomètres du point d'attaque, une compagnie de la légion et une compagnie de tirailleurs sénégalais se tiennent prêtes à relever celles qui sont au feu depuis midi.

De nombreux blessés sont évacués sur les ambulances volantes.

Une civière portée par deux tirailleurs sénégalais s'arrête devant la tente du colonel Dodds ; des feuilles de palmier jetées sur le cadavre du lieutenant Douai nous cachent son affreuse blessure.

Farail, à son tour, arrive à l'ambulance, baignant dans son sang.

Un légionnaire, terrassé et ligoté par une amazone pendant le combat, allait être emporté par les Dahoméens dans le camp ennemi, quand un tirailleur, passant au pas de course, apercevant son malheureux compagnon, se précipite sur l'amazone et la tue d'un coup de baïonnette. La secousse avait été tellement forte que le pauvre légionnaire en devint fou. Ramené au bivouac, il voulait se suicider, se croyant encore entre les mains des noirs.

Les balles et les obus tombaient au milieu de nous, fauchant les troupiers qui attendaient le signal du départ' pour aller relever leurs camarades.

Le capitaine Crémieu-Foa, impassible sous le feu de l'ennemi, fumait une cigarette. Un obus tombe à ses pieds et s'enfonce dans le sol détrempé. Avec le calme dont il ne se départait jamais, il laboure le terrain avec son couteau pour dégager l'obus :

« Tirent-ils assez mal pour ne pas seulement m'attraper, » dit-il.

Pendant ce temps-là, à deux pas de moi, l'ordonnance du capitaine rangeant des effets sous sa tente, tombe frappé mortellement d'une balle qui venait de faire ricochet sur une voiture Lefèvre.

Mon peloton n'avait pas marché de la journée, lorsque, à la nuit tombante, on vint me demander un cavalier estafette pour porter un ordre du colonel Doods. Je désignai Samba-Nor et l'envoyai à l'état-major.

La pluie tombait toujours torrentielle, le feu de l'ennemi était de plus en plus fort.

Le commandant Gonard, à la réception de l'ordre du colonel Dodds, porté par Samba-Nor, avait fait cesser le feu de notre côté. Placé derrière un palmier, il écrivit au colonel Dodds : « Coucherai ce soir dans camp dahoméen, vais enlever position à la baïonnette. »

Samba-Nor rentrait de sa mission lorsqu'il entendit des gémissements dans la brousse. Croyant trouver des nôtres blessés et oubliés, il saute en bas de cheval et se jette sous bois. Quel ne fut pas son étonnement quand, au lieu de trouver de nos combattants, il vit deux Dahoméens et une amazone cachés dans un trou et ivres-morts.

Samba-Nor retourne à son cheval, prend sa corde à fourrage, revient à ses trois prisonniers, les fait sortir de leur terrier, les attache tous trois au « karbous » de sa selle et les ramène au bivouac.

Le commandant Gonard, pendant ce temps-là, avait fait mettre baïonnette au canon et commandait la charge pour enlever la position du marigot de Poguessa.

Le capitaine Drude, debout derrière sa compagnie, venait de recevoir une balle qui l'avait légèrement touché aux reins. « Je suis blessé, dit-il. » Ses légionnaires qui l'aimaient comme on aime un père, se précipitent vers lui. Rassuré bien vite sur la légèreté de sa blessure, le capitaine Drude enlève ses légionnaires et glissant le premier dans le marigot, le traverse suivi de ses soldats énervés par ce long combat.

Le marigot, aux berges à 45 degrés, large d'environ dix mètres, au fond vaseux, est traversé en un clin d'œil par cette masse de combattants aux cris de : « Vive la légion ! Vive l'Alsace et la Lorraine ! » Les clairons sonnent la charge et les légionnaires poussent leurs cris de guerre : « Alsace-Lorraine ! », les Sénégalais lancent leurs hourras, le tonnerre grondant au-dessus d'eux, les éclairs sillonnant la nuit noire.

Les troupes bivouaquées attendaient dans un silence religieux la fin du combat. Tous ces cris, tout ce bruit nous remuaient le cœur et nous donnaient le vertige.

Jamais pareille émotion n'était venue nous frapper

depuis le commencement de la campagne. Le passage du marigot nous coûta la mort d'un tirailleur sénégalais.

Sur l'autre rive, le capitaine Drude reforma immédia-tement sa compagnie et sous un feu nourri, balaya les Dahoméens qui tenaient encore.

Le commandant Gonard, le héros de Poguessa, avait passé aussi le marigot ; il demanda aussitôt l'artillerie.

Le maréchal-des-logis Thomeuf était derrière lui : « Faites venir vos pièces, lui dit-il, et tirez à mitraille sur les fuyards. »

Thomeuf, ayant à la bouche la pipe qu'il n'abandonnait jamais, entraîné par l'exemple des légionnaires, avait, de sa propre initiative, démonté sa pièce et passé le marigot avec celle-ci sur son épaule, deux conducteurs avaient pris l'affût. La pièce était remontée et chargée lorsque l'ordre fut donné de faire traverser le marigot à l'artillerie.

Thomeuf pour réponse commanda : « Pièce feu ! »

Le commandant Gonard, émerveillé du sang-froid de Thomeuf, le proposa immédiatement pour la médaille militaire qu'il reçut quelques jours plus tard.

Le colonel Dodds n'avait toujours pas reçu de réponse à l'ordre qu'il avait envoyé par Samba-Nor.

Celui-ci, porté manquant par moi le combat terminé, ne revint environ qu'une heure après la prise du marigot.

J'étais déjà profondément endormi, mon fidèle Baba-Ba à mes côtés, lorsque je m'entendis appeler : « Massa-oudgi ! Massaoudgi ! »

C'était Samba-Nor qui m'amenait ses prisonniers.

— Y en a ramené sauvages et une *digaine* (1), me dit-il.

____

(1) Digaine, en sénégalais, veut dire femme.

Je me levai et allai trouver le commandant Villiers
pour lui rendre compte de la mission de Samba-Nor et
lui annoncer que nous avions en notre possession trois
prisonniers.

— Faites-les conduire à la garde du camp, me dit le
commandant, demain nous agirons.

Je revins à Samba-Nor qui n'entendit pas de cette
oreille-là :

— Moi, y en a faire prisonniers les sauvages, y en a
garder esclaves pour moi.

— Bien, lui dis-je, garde-les, tu en es responsable.

Samba-Nor leur attacha les bras derrière le dos, à hauteur des biceps, avec une petite ficelle, puis taillant un
morceau de bois en forme de sifflet, il tordit cette ficelle
qui leur entra dans les chairs. A chaque mouvement fait
par les Dahoméens, le petit bout de bois, pointu aux
deux extrémités, venait leur piquer désagréablement le
dos.

Pendant la nuit, plusieurs feux de salve, tirés par les
légionnaires qui avaient pris position en-deçà du marigot
de Poguessa, tinrent les Dahoméens en respect.

8 Octobre.

A six heures du matin la cavalerie s'est portée en avant
dans la direction du marigot de Poguessa. Nous passons
sur le théâtre du combat vers sept heures.

Samba-Nor n'a pas quitté ses prisonniers et marche à
l'arrière de la colonne avec le convoi.

Le génie, sous les ordres du capitaine Roques, a jeté de
grand matin un pont sur le marigot ; palmiers, brousse,

herbes, sont les matériaux employés, la largeur du pont est de quatre mètres.

La colonne s'écoule lentement et prend position au fur et à mesure sur l'emplacement occupé la veille par les Dahoméens.

Les troupes ont besoin de repos; le colonel Dodds a décidé que le bivouac serait installé sur la rive gauche du marigot, à trois kilomètres du camp retranché de Poguessa, lequel, dit-on, a une garnison de 15,000 Dahoméens.

Pendant l'installation, des reconnaissances de cavalerie sont envoyées vers le nord.

Avec mon peloton, je suis désigné pour éclairer une reconnaissance faite par le commandant Gonard.

A 1,500 mètres du nouveau bivouac, des cadavres dahoméens barrent le chemin; des armes sont abandonnées, des munitions jetées, des vivres perdus, tous ces indices dénotent une retraite précipitée et une déroute complète.

Toujours en avant, marchant avec les plus grandes précautions, je suis un sentier en pleine forêt.

Le commandant Gonard auquel je viens rendre compte que la route est sillonnée de cadavres, me dit de faire charger mes armes et de m'attendre à une attaque, car les Dahoméens rôdent autour de nous et vont essayer de venir reprendre les morts qui n'ont pu encore être enlevés.

Je retourne à mon avant-garde et changeant brusquement de direction, je me jette vers l'ouest. A peine avais-je fait cent mètres dans la nouvelle direction, qu'un coup de fusil part derrière moi, blessant un demes hommes. Je m'arrête une seconde, puis je pénètre immédiatement sous bois avec mon peloton déployé en bataille. Je suis reçu par une fusillade très nourrie qui m'oblige à faire demi-tour et à reprendre mon sentier.

Rétrogradant en file indienne, j'étais à trois cents mètres du commandant Gonard lorsqu'un coup de fusil isolé m'est tiré à bout portant, mon cheval se cabre et, grâce à cet écart, me protège. La balle qui m'était destinée vint traverser les deux oreilles de ma monture qui, sous la douleur ressentie, se met à pointer et à faire des sauts en avant de trois à quatre mètres, ce qui me met bien vite en dehors de la zone dangereuse.

N'étant plus utile à la reconnaissance, le commandant Gonard me donne l'ordre de rentrer au bivouac.

Déployant ses hommes en pleine forêt, il fait des feux de salve qui rejettent les Dahoméens dans la direction du camp retranché de Poguessa.

En rentrant au bivouac, je vois le commandant Villiers, entouré de ses officiers et des interprètes de la colonne, qui interroge les prisonniers faits la veille.

Ahmed se donne beaucoup de mal pour arriver à tirer quelques renseignements sur les forces et les positions de l'ennemi.

Un silence et un mutisme complets répondent à ses avances.

— Nous sommes Dahoméens et nous nous battons pour notre roi et notre pays, nous ne parlerons pas, disent les prisonniers.

— Dis-leur que s'ils ne parlent pas, je les enverrai à Porto-Novo, au roi Toffa, qui les gardera comme esclaves.

Les menaces ne les firent point changer.

Le regard farouche, la bouche moqueuse, les poings crispés et fièrement campés sur leurs jambes fortement musclées, ils regardaient le commandant sans sourciller.

— Qu'on les emmène, dit le commandant, qu'on leur donne à manger, demain nous les interrogerons de nouveau. Samba-Nor, tu en es responsable.

Fier comme un paon, Samba-Nor entourait ses prisonniers d'un soin jaloux, ne les laissant manquer de rien, les apprivoisant pour ainsi dire, afin de les amener à parler.

Mais, hélas ! malgré sa surveillance, mon spahi devait être roulé.

Choisissant un moment où Samba-Nor était occupé à soigner son cheval, un Dahoméen et l'amazone se faufilèrent entre les cases et allaient gagner la forêt, quand deux spahis de faction sur notre face s'aperçurent de cette évasion et les fusillèrent à dix mètres d'eux.

Samba-Nor, fou de colère, allait faire un mauvais parti au troisième, lorsque je mis le holà à sa fureur en lui donnant l'ordre, au contraire, de lui couper ses entraves.

Ahmed passait par là, je l'appelai et lui dis d'interroger le Dahoméen.

Celui-ci, maintenant seul, et ne craignant pas pour plus tard les représailles de ses compatriotes, demanda à être amené devant le commandant.

De nombreuses questions lui furent adressées sur la force, les positions de l'ennemi, sur sa direction et son mode de ravitaillement, sur les points d'eau que nous devions rencontrer.

— Partout où il y a de l'eau, nous dit-il, il faudra se battre. Behanzin fait garder tous les marigots. A trois jours de marche d'ici, près de Sabovi, l'ennemi est retranché en pleine forêt et compte livrer un combat aussi meurtrier que celui du 4 octobre. Le camp retranché de Poguessa a été abandonné après l'attaque du marigot, nous étions environ quinze mille hommes, sous les ordres du roi lui-même.

— Tu resteras avec nous, lui dit le commandant, tu seras avec mes spahis et les Français te nourriront.

A son retour parmi nous, nous nous ingénions à faire disparaître son type dahoméen et à lui donner le type sénégalais, en lui rasant la tête, ne laissant que quelques petites touffes de cheveux par-ci par-là, en lui fourrant un boubou sur le torse et des grigris aux bras et aux jambes. Pour compléter sa tenue, le commandant lui envoya sa carte de visite, clouée sur une planchette qu'on lui attacha au cou :

« Commandant Villiers. — Défense expresse de toucher à ce Dahoméen, il est mon ordonnance. »

Libre maintenant, il était adjoint aux porteurs du commandant et sous la surveillance immédiate de Maalick-Mamadou.

Ce malheureux n'avait pas mangé depuis plusieurs jours, il se jeta sur le riz et le biscuit avec un gloutonnement tel qu'il faisait mal à voir.

Dans la soirée, l'ordre général n° 62 nous est lu :

« Le 6 octobre, à trois heures quinze du soir, une reconnaissance commandée par le commandant Gonard a été attaquée par un très fort parti de Dahoméens.

« *Cette reconnaissance a reçu le choc de l'ennemi avec une très grande vigueur, a promptement enrayé son mouvement offensif et s'est portée ensuite, après avoir été renforcée, contre les positions dahoméennes fortement organisées en arrière de la rivière de Poguessa, positions défendant le passage du pont jeté sur ce cours d'eau.*

« *Grâce à une action par les feux méthodiquement conduite et à une charge à la baïonnette des plus brillantes, le pont a été enlevé à la nuit tombante, et tout le corps expéditionnaire a franchi la rivière de Poguessa.*

« *Le colonel commandant le corps expéditionnaire félicite vivement toutes les troupes qui ont pris part à cette action, et surtout M. le commandant Gonard, qui a, dans la conduite de cette opération, fait preuve d'une grande bravoure et de qualités militaires remarquables.* »

CHAPITRE XI

Dures journées.

12 Octobre, neuf heures du soir.

Les difficultés matérielles ont été considérables tous ces jours derniers. La végétation tropicale, sans avoir cependant la même densité que celle des régions voisines de la mer, était encore assez touffue pour nécessiter des travaux longs et pénibles.

C'est à coups de hache et de sabres d'abatis qu'il fallut tracer la route que devaient suivre l'artillerie et le convoi.

Les journées des 8 et 9 octobre furent employées à un repos pour l'infanterie. La cavalerie fouilla le pays dans tous les sens et finit par trouver la ligne de retraite de l'ennemi.

Robin, le prisonnier dahoméen que nous avons ainsi baptisé, est tout dévoué à notre commandant, il ne le perd pas de vue, le suit partout, et veille tout particulièrement sur sa personne. La nuit, il couche à l'entrée de sa tente, sautant debout au moindre bruit; le matin, transformé en valet de chambre, il lui prépare sa tasse de thé. Je ne désespère pas le voir sous peu remplir les fonctions de Figaro et de secrétaire.

Demain, Robin montera à cheval, je ne doute pas qu'il s'en tire bien. Le pauvre malheureux boite très fort. Le commandant s'est enquis de ce qu'il avait et l'a fait visiter par M. Piedpremier, médecin à la légion.

C'est tout simplement un superbe coup de baïonnette reçu à l'aine au combat du 4 octobre, qui met notre prisonnier dans l'impossibilité de marcher. Il ne s'est pas plaint une seconde et a supporté sans sourciller le pansement douloureux fait par le docteur. Demain, il suivra à cheval, car il nous est d'une grande utilité et peut nous rendre de grands services d'un moment à l'autre.

Le 10 au matin, j'ai quitté Poguessa, marchant en avant-garde de la colonne. Le terrain était complètement découvert, nous étions sur un plateau de trois à quatre kilomètres de longueur. Les herbes étaient basses, et, par-ci par-là, quelques arbres rabougris faisaient croire que cette partie du Dahomey est maudite.

Après les forêts vierges, la végétation luxuriante, les herbes immenses, la brousse épaisse : plus rien.

Je commençai à regretter les difficultés des jours précédents. Le paysage qui se déroulait devant mes yeux était d'une monotonie désolante. Environ à deux kilomètres de Poguessa, je traversai un grand camp de cinq à six cents mètres de longueur. Des cases, des paillottes partout, des provisions, des munitions, des armes abandonnées montraient la précipitation avec laquelle l'ennemi avait fui.

J'arrivai enfin au marigot reconnu le 9 par le lieutenant Legrand. J'avais ordre de m'arrêter là, pour permettre à l'infanterie d'avancer et de faire quelques feux de salve, afin de déloger les Dahoméens qui pourraient se trouver dans la forêt qui tapisse la rive opposée.

A ce moment-là, un de mes cavaliers-flanqueurs vient me rendre compte qu'un de ses camarades est tombé dans une fondrière et que son cheval s'enlise. Je fis prévenir le commandant Villiers, qui n'est pas content de cet incident arrivé à ma pointe d'avant-garde, car nous allons gêner pendant quelques instants les dispositions de l'infanterie.

Je vais moi-même au marais, où mon noir est dans la boue jusqu'aux genoux et lui jette une corde qui l'aide à sortir de ce mauvais pas avec son cheval. La fusillade de la légion crépite aussitôt à mes côtés, l'artillerie donne aussi et tire à mitraille.

A dix heures du matin, je reprends ma marche en avant sur Sabovi et traverse d'un seul temps de galop une forêt de palmiers de plus d'un kilomètre. Le chemin boueux est défoncé, de fortes ornières en rendent l'accès difficile et pénible.

Les oiseaux aux plumages multicolores, effrayés par le bruit de nos chevaux et le cliquetis de nos armes, quittent leurs tranquilles retraites en battant de l'aile avec effarement. Des quantités de vautours planent au-dessus de nous.

De distance en distance, la route est barrée par des fétiches grossièrement sculptés dans des troncs d'arbres, fétiches placés là par les grios pour arrêter notre marche en avant et conjurer le sort. Des brebis écorchées, des chèvres éventrées, des calebasses pleines de maïs et de millet, des gourdes remplies d'eau, sont offertes en holocauste à ces dieux grotesques.

Au sortir de la forêt, sous une haute futaie, un rayon de soleil se reflète dans une nappe d'eau. Les lotus abondent, les nénuphars recouvrent une partie de cette eau limpide. Des myriades de lézards s'enfuient à mon approche, et les singes qui avaient probablement fait leur jardin de plaisance de ce coin superbe de forêt, se jettent dans l'intérieur des bois en poussant de petits cris aigus.

De l'eau, c'était précieux pour nos hommes, nos porteurs et nos chevaux. Je fis prévenir la colonne de la bonne fortune qui nous tombait là, après cinq heures de marche et par une chaleur de quarante degrés.

La colonne y fit halte et déjeuna, pendant qu'avec mon peloton, j'allai reconnaître Sabovi, que je trouvai complètement abandonné.

Nous marchons en terrain découvert jusque trois heures, le soleil tombe d'aplomb, la température est lourde, la chaleur suffocante.

Nos hommes souffrent de la soif.

Je hâte ma marche en avant, à cinq heures nous arrivons à Kossoupa, village parfaitement tenu. Robin me dit que c'est là que Behanzin envoyait ses amazones en convalescence.

Nous ne rencontrons qu'un chien et quelques volailles. Mais de l'eau, aucune trace ; les cases sont intactes et rien ne semble avoir été dérangé dans le village.

Le capitaine de Fitz-James me rejoint avec un guide, nous fouillons la forêt à un kilomètre à la ronde, sans trouver la moindre goutte d'eau.

A la nuit tombante, nous rentrons au village où toute la colonne s'est installée.

« Pas d'eau, pas d'eau, » murmurent les hommes ; tout le monde est abattu, car les fatigues ont été très grandes dans cette journée.

Le 11, de grand matin, une tornade éclate qui apporte pour un moment, aux hommes, aux chevaux et aux bêtes, un calmant à la soif qui nous dévorait depuis trois jours.

« L'étape fut courte, nous installons le bivouac à Oumbouémédi, où le génie construit un observatoire qui nous permet de reconnaître que l'ennemi est à peu de distance. Une fumée assez intense s'élevait du sol et de nombreux points noirs, se détachant au-dessus de la brousse, firent reconnaître aux guides des camps dahoméens, derrière lesquels ils déclarèrent apercevoir le palais de Catopa.

« La première chose dont on s'occupa ce fut de trouver de l'eau. La cavalerie, quoique très fatiguée, partit à la recherche d'une source, mais revint sans avoir rien découvert.

« Plus heureux, qu'elle fut un tirailleur haoussas, dont le retour, à l'annonce de la découverte d'eau, fut une fête au camp.

« Le 12, dès la première heure, le génie s'occupa d'améliorer les chemins. A six heures, la colonne, sur trois groupes, levait le bivouac. Chaque groupe eut pour mission de se soutenir mutuellement en cas d'attaque.

« Le colonel, par mesure de précaution, changea sa tactique en adoptant l'ordre de marche en carré, car, bien que la cavalerie l'éclairât dans les terrains plats, et l'infanterie sénégalaise dans la brousse, il ne pouvait prévoir le côté, même probable, de l'attaque. Pour répondre le plus tôt possible, il lui fallait donc un ordre de marche qui lui permît de passer le plus rapidement à la formation de combat.

« Le passage d'un marigot, à six cents mètres environ du bivouac que l'on venait de quitter, se fit sans accroc pour les deux premiers groupes. Il n'en fut pas de même pour le troisième dont l'artillerie, trouvant un fond trop mouvementé, dut faire demi-tour et prendre un des passages des premiers groupes.

« A huit heures du matin, le peloton de cavalerie, que commandait le lieutenant de Tavernost, éloigné seulement de trois cents mètres environ du gros, essuyait le feu de l'ennemi (1). »

Le maréchal-des-logis Tranquart et quatre spahis marchaient en tête du peloton du lieutenant de Tavernost, le précédant de cinquante mètres. Les Dahoméens, cachés dans le bois et de chaque côté du chemin, les laissèrent passer sans les attaquer. Ce ne fut que lorsque le reste du peloton fut complètement engagé qu'une fusillade nourrie éclata derrière eux, les prenant à revers. Tranquart et ses hommes s'arrêtèrent immédiatement et, faisant demi-tour, se trouvèrent en tête-à-tête avec un groupe d'ennemis dix fois plus nombreux. Tranquart, le sabre à la main, se fraie un chemin au milieu de ces terribles noirs qui sautent à la tête des chevaux et tirent des coups de fusil à bout portant. Le sang coule à flots, les sabres sont dégouttants. Seul un spahi est renversé, son cheval tué sous lui, il se relève et, faisant le moulinet avec sa carabine, il assomme trois Dahoméens.

(1) *Campagne du Dahomey*, par J. POIRIER.

Au bruit de la fusillade, l'ennemi qui est caché sous bois, accourt en poussant des cris sauvages.

Le spahi resté seul, est terrassé et va devenir leur pri-

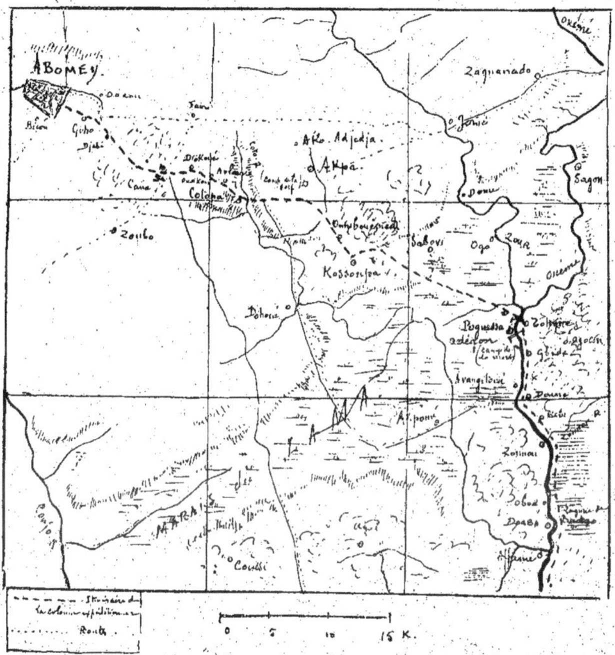

Itinéraire de Dogba à Abomey.

sonnier et leur victime, lorsque le lieutenant Varenne et sa section de légion arrivent au pas gymnastique et ont facilement raison des Dahoméens. Le spahi échappe à ses agresseurs et se jette dans la brousse, laissant simplement entre leurs mains une de ses bottes.

La colonne, rejetant sa cavalerie en arrière, se déploie immédiatement.

La ligne ennemie s'augmente et dirige ses efforts sur l'aile gauche, elle cherche même à la tourner et à lui couper totalement les derrières.

La fusillade est vive, l'ennemi, dix fois supérieur en nombre, semble vouloir nous écraser.

La cavalerie met pied à terre, et, soutenue par des renforts haoussas, parvient à refouler ses adversaires.

Debout derrière mon peloton, je commandais mes feux, lorsqu'une balle, tirée à deux pas de moi, siffle à mon oreille. Je me retourne et je vois le maréchal-des-logis Marcou occupé à recharger son arme.

— Faites attention, lui dis-je, vous tirez sur moi.

Il se mit à rire et me dit :

— Regardez donc à votre droite à deux mètres de vous.

J'avais en effet un Dahoméen qui râlait, couché à terre, une balle en pleine poitrine.

Au plus fort de la fusillade, une panique incroyable règne parmi nos chevaux, il est impossible d'en venir à bout. Les cavaliers, pied à terre, tenant cinq et six chevaux, ne savent où donner de la tête. Nous avons dérangé un essaim d'abeilles, nos pauvres bêtes en sont couvertes, nos hommes sont piqués et poussent des cris de douleur.

Le capitaine de Fitz-James a été piqué et a l'œil comme le poing.

Le colonel Dodds, en présence de la témérité et du nombre sans cesse croissant des Dahoméens, ordonne la charge à la baïonnette, l'artillerie dans les rangs de l'infanterie, au son des clairons et des tambours.

« La marche, écrit le colonel dans son rapport, se fait baïonnette au canon, les pièces d'artillerie à la bricole, par bonds de deux cents mètres, séparés par des feux de salve. La charge à la baïonnette est employée pour la première fois et à plusieurs reprises. Elle inspire une telle terreur à l'ennemi que, dans l'après-midi, il ne se rapproche plus autant et se maintient à environ deux cents mètres des faces du carré. »

Une heure après ces charges, la colonne prit quelques instants de repos, le convoi se rapprocha et la distribution d'eau fut faite. J'avais pu placer une bouteille d'eau dans une des petites voitures du convoi, j'allais la chercher et revenais vers mes camarades, lorsqu'une balle perdue, frappant la bouteille, la cassa à ma grande désolation.

C'était peu de chose et je m'en consolai bien vite, voyant un pauvre sergent qui, moins heureux que moi, venait de recevoir une balle qui lui avait fracassé la main au moment où il allumait une pipe.

Vers trois heures du soir on bivouaque en arrière d'une clairière.

Nous étions maîtres de toute la première partie des lignes fortifiées ; le reste était abandonné par l'ennemi qui fuyait en désordre, laissant sur le terrain ses morts et ses blessés.

Cette journée du 12 nous coûte huit tués et trente-sept blessés dont trois officiers.

— Pour la première fois, dit le colonel, l'ennemi s'est servi de balles explosibles.

Notre ennemi considérait justement la position du Coto

comme l'une des plus importantes pour lui. Aussi avait-il élevé des défenses qu'il était résolu à défendre avec courage.

C'était la clef de la route qui devait nous conduire à Cana.

D'après les renseignements qui lui parvinrent, le colonel Dodds apprit qu'une série de trois lignes de retranchements défendait les abords de la rivière. Ne pouvant demander à sa troupe d'attaquer ces fortifications de front, il résolut de les tourner.

CHAPITRE XII

Pas d'eau.

15 Novembre.
A l'hôpital de Dakar.

Très malade, presque moribond, j'ai dû quitter la colonne. Aujourd'hui, pour la deuxième fois, j'ai pu quitter mon lit ; j'en profite pour retranscrire mes souvenirs des derniers jours.

Les quelques pages que je prends dans le volume si vécu de : *Campagne du Dahomey,* par M. J. POIRIER, me permettront de continuer l'historique de la campagne.

Le 13, dès la première heure, nos troupes, allégées des convois, se mirent en route.

Au bout de quelques instants, les éclaireurs signalèrent l'ennemi qui ne tarda pas à attaquer la colonne. Nos troupes ne répondirent pas aux premiers coups de feu, que redoublèrent les Dahoméens ; enhardis par le silence, ils avancèrent même contre elles. A un moment donné, sur un commandement de leur chef, les nôtres se lancèrent en avant et arrivèrent à engager presque un corps à corps. L'impétuosité de cette attaque mit en fuite vers Akpa une partie de l'ennemi ; l'autre partie, plus brave, se jeta sur notre flanc gauche et réussit à attaquer les derrières.

Le commandant Riou, apercevant le péril qui menaçait ce groupe, opposa à cette tentative les légionnaires des compagnies Vivier et Drude, qui eurent bientôt raison de l'attaque.

Sans rien perdre de leur première illusion, les Dahoméens s'étaient reformés et menaçaient sérieusement le flanc gauche du premier groupe, qui répondit en avançant lentement.

Le commandant Stephani, débordant ce groupe, lui laissa un moment tout le poids de l'action pour se lancer sur un campement dahoméen qu'il avait aperçu à sa gauche. Il y fut bientôt rejoint par le premier groupe qui avait réussi lui-même à refouler l'ennemi, et tous les deux l'attaquèrent à la baïonnette, de front et de flanc; l'ennemi l'évacua de suite.

Le colonel ordonna à l'artillerie de continuer la poursuite pendant que la colonne prendrait un repos de huit à onze heures, en halte gardée sur le plateau.

Quelques coups de fusil vinrent troubler ce repos ; des salves de section en eurent raison facilement et permirent au colonel de le prolonger.

Les différents convois, restés sous le commandement du capitaine Roques, arrivèrent à quatre heures.

Une reconnaissance fut envoyée sur Akpa d'où elle devait couvrir la colonne.

L'affaire du 13 confirma bientôt le colonel dans le peu d'espoir qu'il avait d'enlever les positions ennemies en les attaquant de front. Il se résigna, pour la journée du 14, à les tourner en employant une feinte.

Tandis que l'artillerie, soutenue par la 3ᵉ compagnie de tirailleurs sénégalais, ouvrait un feu ininterrompu, l'infanterie, marchant en colonne vers le nord, quittait le bivouac.

Au feu de nos pièces, l'ennemi répondit coup pour coup.

Les guides conduisirent la colonne vers l'ouest et la firent arriver sur un plateau où l'ennemi, l'apercevant, lui envoya plusieurs coups de fusil et des salves d'artillerie.

En avant de ce plateau, un détachement de spahis envoyé pour reconnaître les bords du Coto, arrivé à cent mètres de la rivière, fut assailli par l'ennemi. Un feu de mousqueterie força cette reconnaissance à se rabattre immédiatement sur le gros de la colonne.

Cette attaque inopinée ne fut pas sans inquiéter le commandant de l'expédition, qui, pour parer à toute éventualité, ordonna immédiatement la formation en carré. Cette précaution ne fut pas inutile. Les cavaliers avaient eu à peine le temps de mettre pied à terre, qu'un groupe de Dahoméens, sortant des fourrés, s'élança contre la première face du carré. La 1ʳᵉ compagnie de la légion les accueillit par des feux de peloton et réussit à les disperser; elle tenta de continuer la poursuite à la baïonnette, mais l'épaisseur du fourré l'arrêta.

Des reconnaissances furent envoyées immédiatement dans toutes les directions, mais elles durent rebrousser bientôt chemin, arrêtées de toutes parts par l'épaisseur des brousses qui ne permit point de découvrir le moindre chemin praticable. Voici du reste la description topographique de cet endroit, que donne le colonel dans son rapport :

« Le Coto, dit-il, coule au milieu d'une masse impénétrable de verdure formée par les lianes et la brousse qui s'entrelacent avec les palmiers et les fromagers ; le terrain est détrempé par les tornades ; les pièces éprouveraient les plus grandes difficultés à avancer, surtout sous le feu qui est incessant. »

La dernière reconnaissance était à peine rentrée qu'une nouvelle attaque se produisait, cette fois sur la troisième face ; on en eut raison avec la baïonnette.

L'artillerie de Cotopa ne cessait d'envoyer des projectiles dans le camp, où heureusement tous n'éclataient pas, et rendait notre position intenable. Le colonel résolut de la combattre en faisant prendre position à quatre de nos pièces, dont le tir parfaitement réglé contraria celui de l'ennemi. Vers trois heures de l'après-midi, cette artillerie fut l'objet d'une attaque ; l'ennemi, à la faveur de la brousse, put s'avancer jusqu'à quelques pas de nos pièces ; des salves de mitraille l'obligèrent à la retraite.

Ce mouvement en arrière ne fut qu'une feinte, car, quelques instants après, surgirent de tous côtés et dans une attaque d'ensemble, des forces dahoméennes soutenues par l'artillerie de Cotopa et deux pièces amenées sur les bords du Coto.

Notre position devenait de plus en plus intenable en raison de la topographie des lieux, qui était une véritable cuvette. Le colonel fit reporter son camp à six cents mètres en arrière, sous le feu de l'ennemi, maintenant celui-ci par le 1er groupe et deux pièces d'artillerie.

Pendant ce mouvement, le capitaine Battreau tombait gravement blessé.

Enfin, l'ennemi abandonnait sa poursuite. Immédiatement, le bivouac fut installé et des porteurs s'occupèrent
d'élever des abris pour les blessés. Pendant ce temps
une compagnie de tirailleurs et un peloton de spahis
allèrent chercher le convoi resté en arrière. La compagnie
Robard se portait sur Akpa, où elle devait attendre l'arrivée d'un nouveau convoi. Cette affaire nous coûtait
1 tirailleur tué et 14 blessés.

Le repos de la nuit ne fut pas troublé. Le 15, à neuf
heures du matin, les convois arrivèrent sans encombre.
Comme les jours précédents, la plus grande souffrance
pour nos troupes fut la soif. Le colonel décida qu'une
corvée tenterait d'aborder les rives du Coto et rapporte-
rait de l'eau. La proximité de l'ennemi commandant certaines précautions, une compagnie de Haoussas fut mise
à la disposition de la corvée, laissant au camp une compagnie de légionnaires sous les armes, prête à partir à la
première alerte.

La corvée ne fut pas longtemps en marche sans avoir
à essuyer des coups de fusil. La compagnie Sauvage, qui
marchait avec elle, tenta d'arrêter l'ennemi ; le nombre de
celui-ci était si considérable qu'elle fut bientôt débordée
elle-même ; la panique s'empara des porteurs qui refusèrent de marcher et se réfugièrent dans le camp. Comme
la veille, l'artillerie de Cotopa ouvrit un feu nourri et cou-
vrit le camp de projectiles.

La situation devient de plus en plus critique pour la
compagnie Sauvage. Le commandant Stéphani se porte
en avant pour la dégager; il est frappé d'une balle à la
poitrine. De nombreux blessés tombent, et les brancardiers ne veulent plus aller les chercher. Les chefs, les

uns le revolver au poing, d'autres des bâtons en main, réussissent, par l'énergie de leur attitude, à rallier les brancardiers et à sauver des mains des Dahoméens nos blessés.

L'ennemi ne perd pas courage. Son nombre grandit sans cesse, et il tente de déborder notre gauche. Le lieutenant d'Urbal, faisant preuve d'une rare énergie, parvient à l'arrêter, mais il tombe bientôt blessé au moment où le commandant Riou lance pour le dégager le peloton du lieutenant Vivier, qui, enfin, a raison de la ténacité des Dahoméens qu'une dernière salve d'artillerie, tirée à onze heures et demie, réduit complètement au silence.

La journée ne devait pas se terminer sur cette affaire.

On avait eu à peine le temps de reconnaître les morts et les blessés et de remettre un peu d'ordre dans l'intérieur du camp qu'on apprenait, vers trois heures de l'après-midi, que le convoi, au moment où, venant d'Akpa, il débouchait sur le plateau, avait été attaqué. Les pelotons Jacquot et Courtois, de la légion étrangère, furent envoyés à son secours et parvinrent, à l'aide de deux sections d'artillerie du bivouac, à mettre les Dahoméens en fuite et à ramener le convoi.

L'artillerie de Cotopa envoya à ce moment un obus qui tomba au centre du camp et tua trois Toffänis. D'un autre côté, le capitaine Marmet (1) était tué d'une balle à l'intérieur du camp.

(1) Né à Nîmes le 15 juillet 1859, il sortit de Saint-Cyr en 1880, fut promu lieutenant en 1882, capitaine le 31 décembre 1884, au cours de l'expédition de Madagascar, où il entra le premier dans Majunga. Plus tard, il fut au Sénégal sous les ordres du colonel Dodds. Au

Le colonel Dodds, jugeant la position comme dangereuse, fit abandonner le bivouac et le reporta plus en arrière.

· La soif est toujours là, plus terrible, car depuis la veille à midi, on n'a pas eu une goutte d'eau, même pour faire le café. A neuf heures et demie du soir, le capitaine de Fitz-James est, sur son offre, envoyé à Oumbouémédi, d'où il ne revient qu'à quatre heures et demie du matin, ayant avec lui onze cents bidons d'eau. Pendant ce temps, quelles ne furent pas les souffrances causées par la soif !

« Oh ! cette nuit du 16 octobre, écrit un officier, je me la rappellerai toute ma vie ! Dans la tente où nous étions entassés, personne ne pouvait dormir ; de temps en temps, pour apaiser ma soif, je léchais le pommeau de mon revolver pour me procurer l'illusion de la fraîcheur. Enfin, vers quatre heures du matin, j'entends un brouhaha du côté des spahis. Ce doit être Fitz-James qui arrive avec de l'eau... Je prends en toute hâte une cafetière, et, la cachant sous mon patelot comme un voleur, je cours du côté des chevaux. J'ai toujours été bien avec la cavalerie, dans laquelle j'avais servi jadis. Un lieutenant (qu'il soit béni celui-là !) me donne près d'un litre d'eau bourbeuse que je rapporte bien vite à la tente...

combat de Diob, en 1890, il fut grièvement blessé ; le 10 juillet suivant, il recevait la croix de la Légion d'honneur.

Il avait été promu chef de bataillon le 14 octobre. Il laisse une veuve et un enfant.

Un de ses frères, sergent-major dans l'infanterie de marine, a trouvé la mort au Tonkin en 1889 ; il avait été dévoré par un tigre au moment où il portait une dépêche d'un poste à l'autre.

Les restes de cet officier ont été ramenés en France.

et tous, à tour de rôle, nous buvons une gorgée de cette vase délayée qui nous paraît délicieuse.

« Une heure plus tard, éclatait une tornade ; alors cela a été une orgie d'eau ; tous les récipients, bouteilles, calebasses, caisses à biscuit, ont été remplis en moins d'une heure. Je crois bien avoir bu ce jour-là au moins vingt litres d'eau. »

Un vieil adjudant de la légion, le nez rougi par des libations copieuses, ne cherche pas à dissimuler son bonheur : « On ne croirait jamais, dit-il, à Bel-Abbès où il y a tant d'absinthe, que l'eau soit si bonne au Dahomey. »

L'année terrible donna à notre armée le « Camp de la misère », cette nuit du 16 octobre lui donna le « Camp de la soif. »

Le Gouvernement fut informé, par la dépêche suivante, que lui adressa le colonel Dodds du bivouac d'Akpa, le 17 octobre, des opérations effectuées sur le Coto :

Akpa, 17 Octobre.

« *Nous avons continué notre marche en avant les 13, 14 et 15 octobre.*

« *Le 13, après avoir tourné par le nord une position ennemie à cheval sur la route, nous avons occupé un camp important, précipitamment évacué par les Dahoméens.*

« *Le 14, notre bivouac, porté au nord du village de Coto, est attaqué par l'ennemi qui est repoussé.*

« *Le 15, deux attaques successives de l'ennemi sont repoussées ; à la seconde, les Dahoméens, pris entre des feux croisés, ont été rejetés avec des pertes considérables.*

« De notre côté, nous avons perdu, dans les divers combats des journées des 13, 14, 15 octobre, 18 tués, dont 1 officier, et 85 blessés, dont 6 officiers.

« Le 16, nous avons établi notre bivouac à l'est d'Akpa.

« Dès que j'aurai achevé notre ravitaillement en vivres et en munitions, j'attaquerai la ligne de la rivière Coto qui protège les forces dahoméennes, successivement battues par nous ces jours derniers, et avec lesquelles la garde particulière de Behanzin est actuellement campée.

« Dodds. »

La situation cependant est critique, la résistance trouvée sur les rives du Coto indique que l'ennemi n'est pas à bout de forces. Le corps expéditionnaire est réduit par le feu et la maladie.

Le 16 octobre, il ne compte plus que 63 officiers et 1,700 hommes de troupe, 2,000 porteurs, 160 chevaux et 47 mulets.

Il était nécessaire de reconstituer la colonne, de procéder à l'évacuation des blessés et des malades, de se réapprovisionner et de se reposer.

CHAPITRE XIII

Souvenirs.

« Le 17, un convoi de 164 blessés et malades se porte
en arrière. Les tirailleurs sénégalais reçoivent l'ordre de
prendre les civières, ils s'écroulent sous le poids de leurs
camarades mourants. A ce moment difficile, les légionnaires, sans attendre les ordres, se mettent quatre par
brancard et chargent les blessés, sous un soleil de feu
d'abord, sous une tornade épouvantable ensuite.

Dans ce mouvement, les soldats européens transpor-
tèrent, non seulement les blancs, mais aussi des tirailleurs sénégalais et des paquets de Toffanis. Les chemins
glissaient, les hommes tombaient dans les trous, les
blessés criaient. Mais la légion étrangère, ce régiment
d'élite, dernier vestige de nos vieilles armées, montrait
une fois de plus ses qualités : endurance, courage et
confiance dans le chef. Ces hommes, des mercenaires
venus de tous les points du monde, sans foyer, sans
patrie, s'engageant soit pour un morceau de pain, soit
par mépris de la vie, subissant fréquemment des souffrances peu connues, accomplissant sans arrière-pensée,
sans espoir de récompense, des actes d'héroïsme, donnaient aux indigènes ignorants et veules, à une race

inférieure d'esclaves, l'exemple de l'abnégation et de la servitude volontaire supportées avec dignité (1). »

Ce convoi de malades, escorté par l'escadron du capitaine de Fitz-James, descendit à Adégon à cinq heures et demie du matin avec les docteurs Carrière et Pied-premier et la compagnie Dessart des tirailleurs sénégalais.

Nous arrivons à Adégon dans le milieu de la journée. Miné par la fièvre depuis quelques jours, abattu par une cruelle dysenterie, je me laissai glisser ou plutôt tomber sur le sol, aux pieds de mon cheval, dans une flaque de boue.

J'étais complètement à bout de forces.

Quel fut mon sauveur ?

Ce fut le lieutenant Menou, de l'artillerie de marine.

Le 3 octobre je l'avais rencontré pour la première fois. Il venait de Dogba où il avait installé le fortin qui reçut le nom du commandant Faurax, tombé mortellement blessé à l'attaque de notre petit camp.

Assis sous une case, il était occupé à faire un plan pour un blockhaus à construire à Gbédé.

Je venais de recevoir l'ordre de partir avec quelques hommes pour accompagner le commandant Gonard et servir d'estafette entre l'état-major et la reconnaissance chargée de faire une route destinée à tourner les positions de Tohoué.

Avant de partir, le commandant Gonard m'envoya demander un renseignement au commandant du premier groupe.

Dans l'agglomération de cases et de tentes, il ne m'était pas facile de trouver l'officier cherché. C'est alors

(1) *Au Dahomey,* par Alex. D'ALBÉCA.

qu'apercevant les lieutenants Amelot et Menou, j'allai droit à eux, les priant de m'indiquer où était la case de l'officier demandé.

Les lieutenants Menou et Amelot, très obligeamment et malgré la forte chaleur qu'il faisait à cette heure de la journée, sortirent de leur tente et m'amenèrent à celle que je cherchais.

Quinze jours plus tard, c'était encore lui qui devait m'être utile.

Le pauvre lieutenant Amelot avait été tué le lendemain de notre première rencontre.

Le lieutenant Menou était venu de Gbédé à Adégon pour y construire un nouveau fortin destiné à protéger un centre de ravitaillement.

Le colonel avait renoncé à celui de Gbédé, les canonnières pouvant remonter l'Ouémé jusqu'à Adégon.

Dix jours auparavant, cet endroit, déboisé maintenant, avait été le théâtre des plus beaux exploits de la colonne.

C'est là que le commandant Gonard et le capitaine Drude avaient fait merveilles, par une pluie torrentielle, sous le feu meurtrier de l'ennemi et pendant six heures successives d'un combat acharné.

Le lieutenant Menou, avec une section provisoire du génie, environ vingt hommes, avait débroussaillé, abattu d'énormes palmiers, construit un véritable camp avec cases très confortables, ambulances et hangars pour abriter hommes, vivres et munitions.

Ce petit fort était appuyé, sur ses deux faces est et sud, à l'Ouémé, et les faces nord et ouest étaient défendues par un fossé de trois mètres de largeur sur deux mètres de

profondeur, placé devant les palanques faites avec d'é-
normes palmiers abattus.

Derrière ces palmiers, se trouvait un chemin de ronde,
permettant aux hommes de faire un tour plongeant sur
l'assaillant.

Les angles nord-ouest et sud-ouest possédaient un petit
bastion, où une pièce d'artillerie de 80 millim. de montagne était placée.

Le lieutenant Menou exécutait ses travaux avec une
rapidité et une habileté étonnante et vraiment remar-
quable, mettant lui-même la main à la pâte, stimulant sa
troupe par son ardeur et son zèle.

Rien ne lui était impossible ; rien ne l'arrêtait. Ce fut
lui qui, me voyant étendu près de mon cheval, me fit
conduire dans la case de ses hommes.

Je tremblais de fièvre et avais presque perdu connaissance. Il y avait cinq jours que je n'avais rien pris comme
nourriture, et depuis le 6 octobre, c'est-à-dire neuf jours,
je n'avais rien bu de chaud.

Après m'avoir installé sur un lit de camp, enroulé
dans mon burnous et fait couvrir de couvertures chaudes
et des manteaux de ses hommes, il sortit pour vaquer à
ses travaux.

Une demi-heure plus tard, il m'apportait lui-même une
tisane qu'il me dit de prendre par petites gorgées.

Je sus plus tard que cette boisson, faite par lui, se composait de vin chaud, de riz, d'orge et de sucre.

Une réaction très forte se produisit, et lorsqu'il revint
le soir j'avais un peu reposé et la fièvre était moindre.

Le lendemain, le docteur Aubry, de la marine, m'ordonna deux jours de repos. Ce fut le cœur bien gros que

je vis mon peloton s'éloigner et reprendre la route
d'Akpa.

Le lieutenant Menou était près de moi, lorsque mes
camarades vinrent me serrer la main. Mon fidèle Sénégalais Baba-Ba ne voulut point me quitter sans m'avoir
embrassé.

Dur pour lui, le lieutenant Menou était la bonté même
pour les autres.

Officier d'avenir, au cœur droit et loyal, travailleur
acharné, brillant élève de Polytechnique, il fut touché de
cette marque de sympathie de la part d'un noir.

Menou nous serra la main à tous deux, disant à mon
brave noir :

— Va, je le soignerai comme mon frère.

Le soir, la fièvre fut plus forte, il s'assit au pied de mon
lit de camp et nous causâmes de la France et de nos
familles.

Il sentait, ce cœur d'enfant sous l'enveloppe virile de
l'homme de guerre, combien il est plus efficace de soigner le moral d'un malade que de lui faire absorber force
doses de quinine.

Un fait qui me revient à la mémoire et qui prouve le
bon cœur de ce martyr du pays noir, fut le suivant :

Pendant les deux premiers jours que je restai avec lui,
sa petite provision de sucre disparaissait plus rapidement
que si elle fut exposée à la pluie.

— C'est drôle, disait-il, je n'en use que rarement et je
n'en ai plus.

Son sous-officier prévenu mit le sucre en vue et fit
bonne garde. Bientôt un Toffani, qui avait su gagner la
confiance du lieutenant et remplissait les fonctions de

factotum dans la petite case, arriva ; ses yeux brillèrent de joie et l'eau lui vint à la bouche.

— Bonne aubaine, se disait-il.

En un clin d'œil, la provision de sucre disparut. Il avalait trois, quatre morceaux à la fois, ne pouvant en mettre dans ses poches, n'ayant qu'un costume des plus rudimentaires.

Le sous-officier, qui dormait en gendarme, un œil fermé et l'autre au guet, le prend en flagrant délit.

Le noir fut mené devant le lieutenant Menou, qui décida que cinquante coups de lanières lui seraient donnés sur les reins, comme châtiment.

Ce noir faisait pitié à voir, il roulait ses gros yeux et implorait son pardon en se jetant aux genoux du lieutenant Menou, en se tordant les bras et se roulant dans la boue.

Qui n'a vu pareille scène ne peut s'en faire une idée.

Nous fûmes tous pris d'un rire nerveux qui nous désarma.

Les juges ayant ri, la cause était gagnée. Le Toffani fut gracié, mais cassé de ses importantes fonctions.

Trois jours plus tard, je quittais le lieutenant Menou qui avait été mon sauveur, mon docteur et était devenu mon ami.

En le quittant je lui donnai la petite carabine Wenchester prise à l'amazone qui m'avait blessé quelques jours auparavant et que je cachais avec soin pour la rapporter en France.

Ce modeste souvenir, donné sur cette terre lointaine, ne devait pas être rapporté par le pauvre Menou.

Quelques jours après notre rencontre, blessé à la cuisse devant Cana, d'une blessure affreuse, il mourait du tétanos, après une agonie épouvantable, sans avoir revu sa patrie, sa famille, ses amis.

Enterré sous un baobab au milieu de la brousse, il repose du sommeil des braves.

De Dakar, ma pensée s'envole vers vous, mon cher Menou, et vers vous tous, héros inconnus restés sur ce sol peu clément et qui, enroulés dans les plis du pavillon français, reposez au champ d'honneur pour votre pays et pour votre drapeau.

Tous nous gardons, buriné au fond du cœur, votre souvenir et, quand Dieu le permettra, nous suivrons vos traces sur le chemin de l'honneur, de la gloire et du devoir.

La cavalerie s'était portée plusieurs fois en arrière pour escorter des convois de vivres et de munitions.

Le commandant Villiers, le 18 octobre, laissant le commandement du convoi au capitaine de Fitz-James, voulut rejoindre le gros de la colonne. Il partit avec deux spahis et un brigadier sénégalais. A quelques kilomètres d'Adégon, il rencontra des rôdeurs dahoméens qui tirèrent sur lui et le blessèrent. Mis dans l'impossibilité de continuer sa route, le commandant rentra à Adégon, où il se fit panser. Une forte fièvre s'étant déclarée, les médecins lui ordonnèrent quelques jours de repos à bord du *Corail*.

Les nouvelles de la colonne étaient peu rassurantes ; l'ennemi, repoussé dans ses derniers retranchements, se défendait avec fureur. Cana, la ville sainte, était leur dernière planche de salut ; là, la colonne serait en plein cœur du Dahomey et Abomey tomberait entre nos mains. Béhanzin l'avait compris, aussi sur les rives du Coto se défend-il en désespéré et essaie-t-il à gagner du temps en pourparlers, envoyant des parlementaires au colonel.

Le 20 octobre, la colonne quitte son bivouac pour le porter encore plus en arrière; dans cette journée, nous avons 11 hommes tués, dont les lieutenants Toulouze et Michel et 35 blessés.

La dépêche du 17 octobre n'avait pas été sans causer une vive émotion dans Paris.

Le Gouvernement télégraphiait immédiatement au colonel et au commandant du *Talisman*.

Au premier il disait :

« *Le Gouvernement s'associe à vos efforts et, tout en déplorant les pertes subies par le corps expéditionnaire, exprime à vous et à vos vaillantes troupes son entière confiance dans le succès; je prends disposition pour vous expédier le plus promptement possible trois ou quatre compagnies européennes et indigènes tirées du Sénégal.* »

Au second :

« *Vous recommande à nouveau de ne pas hésiter à mettre à terre tous les détachements que vous pourriez prendre sur les divers bâtiments, afin de faciliter au colonel la possibilité d'appeler à lui des forces tirées des garnisons laissées à Kotonou, Grand-Popo, et même, s'il le juge convenable, vos marins.* »

En même temps partait l'ordre pour le gouverneur du Sénégal de préparer deux compagnies d'infanterie de marine et une compagnie de tirailleurs.

Le commandant du *Talisman* devait d'autre part faire conduire les malades à bord du *Mytho* à Dakar, d'où ce dernier ramènerait les renforts.

CHAPITRE XIV

Le Retour.

2 Décembre.
A bord de « l'Equateur. »

Le docteur Aubry, ne voulant point garder de malades à Adégon, poste malsain, et surchargé par les évacuations successives des ambulances volantes, m'envoya le 20 octobre sur Dogba.

Je n'étais plus à ce moment-là qu'une pauvre machine hors de service, anémié, fatigué, fiévreux et surtout rompu par la terrible dysenterie.

Entassés pêle-mêle dans une étroite pirogue, on me confia avec quinze hommes, encore plus touchés que moi, à la garde de deux noirs chargés de diriger la barque sur Dogba.

Insouciants et flegmatiques, nos piroguiers laissèrent l'embarcation glisser lentement dans les eaux de l'Ouémé.

Partis à sept heures du matin, nous arrivâmes à destination à cinq heures du soir, grelottant la fièvre et courbaturés, morts de fatigue.

Le docteur Rouch, pour lequel un ami m'avait remis une lettre en quittant Djelfo, était le médecin traitant de l'ambulance de Dogba.

Cette lettre d'introduction me valut les soins immédiats que nécessitait ma situation.

Groupés par genre de maladie, j'allai m'étendre sur un matelas, sous la grande tente-ambulance des dysentériques.

— Je ne comprends pas, me disait-il, qu'un garçon bâti comme vous et qui est acclimaté aux pays chauds comme vous l'êtes, soyez malade ! Voyez, moi, je rentre du Soudan et me porte à merveille.

— Ah ! docteur, si vous voyez le travail de la colonne, ses insomnies, ses privations de toutes sortes, vous le comprendriez vite.

Je ne restai que quarante-huit heures aux ambulances du fort Faurax.

Les journées des 16, 17, 18 octobre avaient été dures, on s'était battu avec rage, et les blessés étaient nombreux. L'ordre avait été envoyé au docteur Rouch, de plier bagage, d'expédier ses malades sur Porto-Novo, et de rejoindre la colonne avec son matériel d'ambulance.

Le 23, à deux heures du soir, je quittai Dogba, sans oublier toutefois d'aller faire une pieuse visite aux tombes de nos camarades.

Les moyens de transports au Dahomey n'étaient pas variés, le même véhicule nous descendit à Porto-Novo, où nous arrivâmes le lendemain à dix heures du matin, sans avoir rien pris comme nourriture.

La soif nous brûlait la gorge, l'eau bourbeuse du fleuve fut notre boisson.

Pourquoi, à Porto-Novo, ne voulut-on point nous recevoir ? Je l'appris plus tard, en lisant l'ordre général n° 47.

Un malheureux artilleur s'était éteint sans proférer une parole, sans pousser une plainte, pendant notre trajet. J'obtins que quelqu'un se dérangeât de l'hôpital pour venir jusqu'à nous, constater le décès.

Clopin-clopant, me traînant péniblement, j'allai acheter quelques boîtes de lait concentré, pour mes compagnons de route.

Ce ne fut pas sans mal que j'obtins aussi deux pirogues au lieu d'une. Pour nous garder du soleil, on poussa même la condescendance jusqu'à nous établir une petite toiture en feuilles de palmier. J'avoue que je fus renversé de cette précaution.

A six heures du soir, nous arrivions dans la lagune de Kotonou ; sur les berges nous attendaient les docteurs, quelques officiers de marine et des infirmiers.

Enfin nous sommes arrivés, disais-je, nous allons pouvoir reprendre de la santé au bord de l'océan, refaire nos forces, et lorsque nous serons bien rétablis, nous pourrons rejoindre les compagnons d'armes que nous laissons là-bas aux mains avec l'ennemi.

Sans nouvelles de la colonne depuis dix jours, les officiers sont impatients de connaître ce qui s'y passe. Pendant une demi-heure on nous fit conter ce que nous savions et expliquer les combats auxquels nous avions assistés.

Kotonou n'était pas notre dernière étape.

L'infirmerie, installée au début à Kotonou, s'était vue dégarnir petit à petit de son matériel, de ses médicaments et de son personnel. Nous ne pouvions y être admis.

On télégraphia au *Mytho* d'avoir à mettre à la mer une chaloupe à vapeur et des baleinières.

On se conformait ainsi à l'ordre général n° 47 :

1° *Pendant la durée des opérations, tous les militaires indigènes et les blessés seront évacués sur Porto-Novo ; les fiévreux européens seront, autant que possible, dirigés sur Kotonou, à destination du* Mytho.

2° *Lorsque le chef de l'ambulance principale de la colonne se verra sur le point d'être encombré, et chaque fois qu'il pourra profiter d'une occasion pour évacuer des malades sur un hôpital permanent, il provoquera près du commandant de la colonne les ordres nécessaires pour la formation d'un convoi d'évacuation. Il préviendra de sa mise en route le chef du service de santé, par la voie la plus rapide.*

3° *En l'absence de médecin ou d'infirmier, le plus gradé parmi les moins malades sera chargé des feuilles et de la police de l'évacuation.*

4° *Lorsque le convoi passera par Porto-Novo, le chef du service de santé désignera les malades à envoyer sur le* Mytho. *Il demandera ensuite au commandant de région l'autorisation de faire continuer l'évacuation sur Kotonou.*

En cas d'évacuation directe de l'ambulance de la colonne sur Kotonou, la désignation des malades à envoyer sur le Mytho *sera faite par le médecin chef de cette place.*

5° *Autant que possible, les évacués seront transportés sur les canonnières et nourris par les soins du bord.*

A défaut de canonnières ils seront embarqués sur des pirogues couvertes demandées à Porto-Novo à l'administrateur chef des services civils ; dans l'Ouémé, au service de ravitaillement. Dans ces deux cas, les malades recevront avant le départ les vivres nécessaires pour la route.

6° *Le chef de service de santé enverra au médecin chef de*

Kotonou l'avis télégraphique de chaque convoi d'évacués partant de Porto-Novo ou de tout autre point, à destination de Kotonou.

Les malades qui les composeront seront hospitalisés à l'infirmerie de cette place jusqu'au moment de leur embarquement au warf.

7° *Cet embarquement sera provoqué par le médecin chef de Kotonou, par l'intermédiaire du commandant d'armes, qui signalera au commandant de la rade le nombre de malades à évacuer à bord du* Mytho *et proposera l'heure de l'embarquement au warf.*

8° *A l'heure fixée par le commandant de la rade, les malades seront remis par le médecin chef de Kotonou au warf à un chef d'évacuation envoyé du* Mytho. *Ils seront descendus à l'aide de paniers-fauteuils fournis par l'infirmerie de Kotonou, à bord d'embarcations commandées pour le service de rade et qui les transporteront à bord du* Mytho. *Ces embarcations seront pourvues de cadres pour les malades alités.*

9° *Les malades à rapatrier seront présentés devant une commission de santé réunie à bord du* Mytho, *conformément aux règlements sur le service intérieur du bord.*

10° *Tous les congés de convalescence n° 1 seront soumis à l'approbation du colonel, commandant supérieur ; ces congés feront ensuite retour au* Mytho. *Les duplicata de ces congés seront envoyés par les soins du* Mytho *au chef d'état-major du colonel, commandant supérieur, qui en assurera la remise aux services et détachements intéressés.*

Au quartier général de Porto-Novo, le 6 Novembre 1892.

Le Colonel, commandant supérieur des Etablissements français du Benin,

Signé : DODDS.

Pour amplification.

Le Chef d'Etat-major,

Signé : GONARD.

Lorsque nous arrivâmes au *Mytho*, on nous hissa à bord avec autant de précautions que lorsqu'on nous descendit dans les baleinières.

A bord, tout était près pour nous recevoir : l'entrepont, transformé en hôpital, contenait environ cent cinquante à deux cents couchettes.

C'est là que je devais pendant douze jours passer par toutes les tortures et toutes les souffrances morales.

Pendant la marche en avant, exposé non seulement aux attaques et au feu de l'ennemi, mais aussi aux fortes chaleurs, aux intempéries du temps, guetté continuellement par les maladies, la fièvre paludéenne, la typho malarienne, les maladies de foie, la dysenterie, jamais je n'avais songé, même une seconde, que je pusse ne plus revoir les miens, ma famille, mon pays.

Dans l'élan imprimé aux troupes par nos vaillants chefs, dans les exemples donnés journellement par les simples et les humbles, nous puisions l'énergie, la force et le courage qui nous étaient nécessaires.

Sur le *Mytho*, au milieu de tant de malades, fiévreux ou blessés, le cœur était pris comme dans un étau.

Pendant la nuit, les plaintes et les gémissements des moribonds, se mêlant au bruit des vagues balayant avec rage les flancs du navire, nous donnaient le délire.

Le moral attaqué, c'était une proie pour l'océan.

J'étais depuis quarante-huit heures sur le *Mytho*, lorsque l'ordre d'appareiller et de partir à Dakar chercher des renforts arriva.

Deux nouveaux convois de malades nous apportaient des nouvelles des amis laissés sur les bords du Coto. J'appris les combats du 21, l'arrivée à la colonne du

commandant Audéoud, la blessure du capitaine Crémieu-
Foa et l'ordre général n° 74 par lequel le colonel demandait
à ses braves troupes un dernier effort :

*« Demain, la colonne expéditionnaire se portera en avant
pour refouler les dernières bandes dahoméennes, déjà profondément ébranlées par les échecs nombreux et les pertes énormes
que nous leur avons infligés précédemment et surtout dans les
journées des 20 et 21 octobre. La ligne de la rivière de Coto,
occupée par l'ennemi, constitue le dernier des remparts élevés
sur notre route par Béhanzin, pour défendre sa capitale. Ce
roi, sentant sa ruine prochaine, essaie vainement de retarder
notre marche par des pourparlers qui prouvent seulement qu'il
a acquis le sentiment de sa faiblesse et celui de notre force.*

*« Ces manœuvres astucieuses ne sauraient retarder notre
marche victorieuse, pas plus que n'ont pu le faire les efforts
des guerriers.*

*« Le Colonel sait qu'il peut compter sur le courage et la
ténacité de tous pour porter le dernier coup à la puissance dahoméenne, et, par une vigoureuse marche en avant, terminer rapidement cette campagne du Dahomey, si brillamment commencée. »*

Bivouac d'Akpa.
Le 25 Octobre 1892.

Signé : DODDS.

Le 8 novembre, après une traversée bien triste, durant
laquelle j'avais vu jeter à la mer un grand nombre d'amis,
nous arrivions à Dakar.

Une grande partie des malades furent hospitalisés à
Dakar, l'autre partie fut envoyée à Gorée.

Grâce aux bons soins et au dévouement du service médical et des Sœurs de Saint-Joseph de Cluny, je repris bien vite des forces.

Le 15 novembre, un courrier nous faisait connaître les dernières nouvelles du Dahomey.

« Le 26 octobre, malgré les difficultés matérielles que rencontre la colonne, elle arrive à franchir le Coto.

« Le corps expéditionnaire, écrit le colonel Dodds, mettait le pied au cœur du Dahomey.

« Cana, la ville sainte, n'est plus qu'à quelques kilomètres devant nous, à quinze kilomètres plus loin s'élève Abomey. Béhanzin veut nous empêcher d'arriver à Cana ; notre entrée dans cette ville, notre présence dans le voisinage d'Abomey, doivent à jamais compromettre son prestige et anéantir sa puissance. »

Le 3 novembre, le ministre de la marine répondait :

« Le Ministère et moi, nous nous faisons les interprètes du Gouvernement pour vous féliciter de nouveau et vos vaillantes troupes de votre énergie et de vos brillants succès. »

Les 1er, 2, 3, 4 novembre, la colonne avance toujours en combattant, les Dahoméens ont changé leur tactique : de la défense opiniâtre dans laquelle ils restaient dans les combats précédents, ils sont tombés dans l'offensive la plus audacieuse, se jetant sur notre carré et venant se faire tuer sur le rempart de baïonnettes.

Dans ces quatre journées, nous perdions les lieutenants Mercier et Menou, le capitaine Roget, et ce pauvre docteur Rouch, qui juste quinze jours avant m'avait soigné à Dogba.

« L'entrain des troupes est splendide et leur conduite au-dessus de tout éloge, écrit le colonel.

« Je n'ai jamais eu l'honneur de commander à de plus admirables soldats : on peut tout leur demander. »

La prise de Diokoué et celle du grand palais de Béhanzin devaient être les derniers combats de la colonne.

Le 6, à six heures du matin, la colonne entra dans Cana et vint bivouaquer dans le palais du roi ; des patrouilles de cavalerie furent envoyées dans les environs.

Du 6 au 16, des propositions de paix sont faites par Béhanzin, propositions qui n'aboutissent pas.

Le 9 novembre, le colonel Dodds était promu général de brigade.

Le général, ne voulant pas être dupe de Béhanzin, décida qu'on se porterait le 16 sur Abomey.

A midi, on s'arrête à Ouanzon ; le 17, nos troupes pénètrent à Abomey et les couleurs nationales flottent sur le palais de Béhanzin.

Celui-ci s'est enfui au nord d'Abomey avec les débris de son armée.

La nouvelle de la prise d'Abomey fut accueillie au Dahomey, au Sénégal et en France avec enthousiasme.

A Dakar, à l'hôpital, ce fut fête ; cette bonne nouvelle sembla redonner des forces à nos pauvres malades. Beaucoup se levèrent, les plus malingres soutenus par les plus vaillants allèrent à la petite chapelle chanter un *Te Deum* d'actions de grâce.

Le 25 novembre, je fus désigné pour faire partie du convoi rentrant en France.

L'*Equateur*, navire de la Compagnie Transatlantique,

faisant la traversée de Bordeaux à Rio-de-Janeiro, me rapatriait.

J'ai avec moi à bord vingt-cinq camarades, nous sommes tous partis du Dahomey en tenue de toile, et ces tenues sont dans un piteux état.

Les passagers de première classe me font demander un jour après leur déjeuner :

— Vous n'avez rien d'autre à vous mettre sur le dos, vous et vos camarades ? me dirent-ils.

— Non, leur répondis-je, nous avons quitté la colonne subitement et évacués d'ambulance en ambulance, nous abandonnions partout où nous passions ce qui aujourd'hui nous serait le plus utile.

— Eh bien ! et les Dames Françaises ?

— Hélas ! j'en ai vu de ces caisses des Dames Françaises, elles sont bien au Dahomey, mais, remisées dans les salles de l'hôpital de Porto-Novo, elles ne sont point distribuées. Nous sommes passés à côté, sans les voir s'ouvrir.

Tenez, sur le bateau-hôpital, nous n'avons même pu nous procurer une feuille de papier à lettre pour écrire à nos familles.

L'aumônier du bord avait épuisé sa provision, et comme nous, n'avait pu obtenir la plus petite parcelle des dons des Dames Françaises.

— Cela n'arrive donc pas à destination ?

— Si, j'ai touché à Adégon un cigare, que j'ai troqué avec un sous-officier d'infanterie de marine pour avoir de la quinine.

A Porto-Novo, qui ne recevait que les éléments indigènes, se trouvaient les caisses d'habillement, de linge, de pansements, de vins, de jeux, de tabac, etc... Sur le *Mytho,*

où l'élément européen était hospitalisé, le cher aumônier
se creusait la tête pour nous procurer ce que nous
désirions.

Que de jeunes gens n'ont pu envoyer à leur mère, avant
de mourir, le dernier adieu, faute du nécessaire.

Si en France on me demande un jour ce que deviennent
les dons des Dames Françaises, je dirai :

Je crois que cette belle œuvre ne sera totalement récom-
pensée des sacrifices qu'elle fait pour les troupes coloniales
en campagne, que lorsqu'elle se décidera à prélever sur
ses ressources une certaine somme, pour envoyer là-bas
où se battent nos amis, nos frères, nos enfants, un membre
autorisé et responsable, qui ferait lui-même le contrôle
à l'arrivée des caisses, qui arrivent parfois vides, et qui
les distribuerait suivant les besoins.

Demandez aux coloniaux. Demandez à mes camarades
ici présents.

Les passagers présents coururent à leurs cabines, et
bientôt, chemises, caleçons, chaussettes, vêtements complets me furent apportés.

Je remontai sur le pont et, au milieu des démonstrations joyeuses, j'en fis le partage.

1er Décembre.

La température est basse, les soirées sont fraîches, nous
nous approchons des côtes de France.

Pourquoi ne voulons-nous plus quitter le pont ? Pourquoi sommes-nous aux aguets, l'œil fixé sur l'horizon ?
Pourquoi sommes-nous inquiets et qu'une sueur froide
perle sur nos fronts, qu'un frisson parcourt notre corps ?

C'est que, depuis longtemps, nous n'avons vu notre chère Patrie, notre belle France, nos parents.

Combien, comme moi, ont quitté les rives gaies de la côte d'azur depuis cinq ans, pour s'expatrier et vivre au désert ou dans les pays sauvages et non civilisés ?

Presque tous.

Aussi, attendons-nous avec impatience l'heure où nous nous jetterons dans les bras de ceux qui nous sont chers, et qui suivaient, de loin, notre marche vers Abomey.

2 Décembre.

A cinq heures du matin, j'étais sur le pont, trois feux rouges au grand mât indiquaient aux phares que nous stoppions à l'entrée de la Gironde. Nous avions touché dans un banc de sable.

A sept heures, nous repartions. Vers deux heures de l'après-midi, nous sommes à Pauillac. Maintenant, nous respirons à pleins poumons, dans une heure Bordeaux nous recevra, et nous serons sur le sol ferme.

Qui n'a passé par ces transes mortelles du retour, qui n'a pas ressenti les joies intérieures qui se manifestent par un trouble impossible à décrire et une pâleur livide du visage, qui n'a pas senti battre son cœur en revoyant son pays, n'a rien vu, n'a pas vécu !

Oh ! terrible désillusion dont j'aurai longtemps au cœur la pénible impression. Bordeaux est resté impassible. Pas la moindre manifestation ; pas une main ne s'est tendue pour nous guider ; pas un bras ne s'est offert pour nous soutenir.

Les adieux de la population d'Oran n'étaient pas bien

éloignés, adieux où l'on nous souhaitait bonne chance et bon retour.

J'ai enfin pu obtenir pour mes hommes, pour mes compagnons d'armes et pour moi, grâce au médecin chef de l'hôpital militaire, des congés de convalescence, et de la *Place* des feuilles de route.

4 Décembre.
15 degrés au-dessous de zéro.

La Société de secours aux blessés, au bureau de laquelle je me suis présenté, a envoyé au détachement des bons pour toucher des effets.

En lisant la collection de journaux parus depuis un mois, je trouve la dépêche suivante :

Le Gouvernement a donné connaissance aujourd'hui aux deux Chambres de la dépêche par laquelle vous lui annonciez l'entrée des troupes à Abomey.

Le Parlement, applaudissant à vos efforts et à vos succès, a ratifié, par un vote unanime, la proposition du Gouvernement d'instituer une médaille commémorative de la brillante campagne du Dahomey et il a mis à sa disposition un certain nombre de décorations pour lui permettre de récompenser les hauts mérites que vous aurez à lui signaler.

A la même date, le Gouvernement décidait que le bénéfice de la campagne de guerre était accordé, à compter du 27 mars 1892, au personnel ayant pris part à la campagne.

Je ne puis mieux terminer ce simple récit qu'en rappor-

tant ici ce qu'écrit M. Alexandre d'Albéca et qui montre
avec quelle sagesse, quelle force de caractère et quel amour
du troupier, le général Dodds nous mena à la victoire :

*Le général Dodds, par sa prudence, sa ténacité, poursuivant
toujours son but, préférant quatre journées sans pertes à un
combat heureux avec tués et blessés, ne désespérant jamais du
succès, a su, dans les moments difficiles, maintenir le moral des
troupes et se faire aimer d'elles.*

TABLE DES MATIÈRES

Abbeville. — Imprimerie C. Paillart.